Konrad Klar

Mach doch, was du wirklich willst.
Dein Weg zu mehr Freiheit, Glück & Lebensfreude

Konrad Klar

Mach doch, was du wirklich willst

Dein Weg zu mehr Freiheit, Glück & Lebensfreude

»Leben in Freiheit bedeutet, sich seine Herzenswünsche zu erfüllen!«
(K. Klar)

Rediroma-Verlag

Bibliografische Information der Deutschen Nationalbibliothek:
Die Deutsche Nationalbibliothek verzeichnet diese Publikation in der Deutschen Nationalbibliografie; detaillierte bibliografische Daten sind im Internet über http://dnb.ddb.de abrufbar.

ISBN 978-3-96103-193-1

www.rediroma-verlag.de
11,95 Euro (D)

Es gibt nur einen Menschen auf der Welt,
der dich wirklich glücklich machen kann.

Es gibt nur einen Menschen auf der Welt,
der dich wirklich unglücklich machen kann.

Wie wäre es, wenn du diesen Menschen etwas besser
kennenlernen würdest?

Als Anfang, stell dich mal vor den Spiegel,
lächle und sage:

»Hallo«.

(Ken Keyes)

Inhalt

Vorwort

Liebe Leserin, lieber Leser,

danke, dass du dich für dieses Buch entschieden hast.

Wenn du dieses Buch liest, wirst du einen herausragenden Nutzen daraus ziehen! Ich verspreche dir, dass du dein Leben auf eine faszinierende Art und Weise verändern kannst.

Jahrzehntelang beschäftige ich mich mit dem Phänomen, warum es Menschen gibt, die sehr erfolgreich sind, und andererseits Menschen, die mit dem Erfolg nichts anfangen können. Warum gibt es Menschen, die die Freiheit haben, das zu tun, was sie wirklich wollen? Und dann noch ohne jegliche Kompromisse.

In diesem Buch werde ich Klartext reden, wie du deine Lebensreise neu beginnen und Erfolg und Lebensqualität entwickeln kannst, nicht nur im persönlichen, beruflichen und finanziellen Bereich. Du wirst erfahren wie du die Quelle deines inneren Kraftwerks anzapfst und die verschütteten Fähigkeiten aus dem Tiefschlaf erweckst und damit die Freude zu deinem Lebensglück explodieren lässt. Deine Lebensqualität wird sich deutlich verbessern, indem du mit Freude und Leichtigkeit überragende persönliche Ergebnisse erreichst.

Wenn dein Leben allerdings schon traumhaft ist und du schon alles hast, was du dir wünschst, sei es finanzielle Unabhängigkeit, hervorragende Gesundheit, eine super tolle Beziehung zur Familie und den Menschen in deinem direkten Umfeld oder einen Superjob hast, dann leg das Buch sofort am besten weg und verschenke es an einen dir nahestehenden lieben Menschen!

Wenn nicht, dann setze das um, was ich in diesem Buch für dich geschrieben habe. Es wird dein Leben verändern. Ich möchte, dass du ab jetzt deine eigene Erfolgsgeschichte schreibst und lebst mit einer Begeisterung, wie du sie bis heute noch nicht gekannt hast.

Ich habe dieses Buch für dich geschrieben! Für eine bestimmte Zeit möchte ich dein Freund sein und dich auf deiner Lebensreise begleiten. Im Laufe dieses Buches wirst du erfahren, wer ich wirklich bin, und ich werde dir einiges von mir erzählen. Nur so werden wir unser gemeinsames Erlebnis genießen und unser Leben bereichern. Deshalb habe ich auch das vertrauensvolle Du gewählt.

Sei bereit dazu, dein Drehbuch jetzt neu zu schreiben, aber tue es konsequent, sauge alle Informationen und Anleitungen intensiv auf und lass es geschehen. Beginne sofort mit der Umsetzung der neuen Erkenntnisse. Dann wirst du ein anderer Mensch nach dem Lesen dieses Buches sein als der, der du vorher warst.

Für mich persönlich geht ein Traum in Erfüllung! Ich habe viele Menschen in den letzten 30 Jahren unterstützen können und das aus meinen Coachings und Seminaren erworbene und angewendete Wissen möchte ich dir von Herzen auf diesem Wege weitergeben, damit du deine Lebensfreude zurückbekommst oder diese noch deutlich erhöhen kannst.

Der Beginn einer Reise entscheidet auch über den Ausgang und das Ende der Reise. Deshalb gebe ich dir den Tipp, wachsam und auch achtsam zu sein. Freue dich auf deine Lebensreise, gestalte den Königsweg und nutze die Kraft der Energie für deine persönlichen Lebensziele.

Im Spiel des Lebens hast du die Möglichkeit mit Disziplin, Achtsamkeit, Beharrlichkeit und Selbstbewusstsein den Film so zu drehen, dass du wie in einem Flow ein spannendes und erfülltes Abenteuer genießen kannst. Von Geburt an stehen dir Freude, Friede und Wohlstand zu. Wenn du den Glauben an Mangel und Verlust aufgibst, machst du dich frei vom bisherigen Denken. Es gelingt dir dann, die bisherigen geistigen Konstrukte umzustoßen und dein wahres Potenzial zu entwickeln.

Du hast ab heute die einmalige Chance, jede kostbare Minute deines Lebens als Glücksmoment wahrzunehmen. Du kannst der

Schule des Lebensweges sowieso nicht entgehen, also mach doch das Beste daraus und öffne jetzt die Schatzkammer mit den unbegrenzten Möglichkeiten für deine Entfaltung!

Gleich zu Beginn wünsche ich dir eine intensive Reise zu deinem inneren Kompass. Lass dich inspirieren von jedem Augenblick der Erkenntnis und freu dich auf das vor dir liegende Abenteuer. Lenke deine Energie auf den aktuellen Moment, lass das Gestern ganz los und verschwende keinen Gedanken an morgen. Einzig und allein zählt das Jetzt. So machst du einen entscheidenden Schritt in die Freiheit, um dein Leben so zu leben, wie es dir zusteht.

Gestalte dein Leben neu und glaube fest daran, dass du eine einzigartige und wunderbare Persönlichkeit bist. Du kannst dein Denken bewusst steuern und damit jederzeit deinen Kurs ändern. Du bist der Pilot. Die Investition unserer Zeit in materielle Dinge bringt uns nicht wesentlich weiter in unserem Leben. Viel wichtiger ist es, in die wahren Schätze des Lebens zu investieren. Wirklich glücklich sind wir, wenn wir Lebensfreude, Zufriedenheit, inneren Frieden, Freiheit, Wohlbefinden und Glück erleben, denn dann fühlen wir uns ausgeglichen, sind in Balance und spüren das ganzheitliche Flow-Erlebnis.

Beginne jetzt mit dem Film deines Lebens, vertraue dir und finde deine wahre Identität. Von Herzen wünsche ich dir viel Spaß beim Lesen dieses Buches. Ich freue mich auf die Zeit mit dir.

Denk daran: Das Leben ist ein Geschenk – mach es zu deinem Meisterwerk!

Danke, dass du hier bist!

Konrad Klar

»Eine gesunde und positive Geisteshaltung ist die beste Voraussetzung für ein glückliches und erfülltes Leben.« (Konrad Klar)

Wie solltest du dieses Buch nutzen?

»Leben heißt, sich zu verändern. Vollkommen sein heißt, sich oft verändert zu haben.« (John Henry Newman)

Dieses Buch ist natürlich zum Lesen geschrieben worden.

Allerdings wirst du dadurch alleine nicht den totalen Nutzen ernten. Deshalb empfehle ich dir ausdrücklich, aus dem »Lesebuch« ein Arbeitsbuch zu machen.

Lebensveränderung funktioniert nur, wenn du die gewünschte Lebensreise aufschreibst. Du solltest also in diesem Buch mit Stift und Textmarker alles markieren, was dir gefällt und dich vielleicht auch inspiriert. Erst dann wird es zu deinem persönlichen Wegbegleiter, wo deine Ideen, Impulse, Wünsche und Visionen neu geboren und auch umgesetzt werden.

Ich empfehle dir zusätzlich immer einen Notizblock oder ein Notizbuch als zukünftiges Archiv und Glücksheft dabei zu haben, wo du alle für dich wichtigen Passagen, Ideen und Erkenntnisse des gelesenen Buches hineinschreibst. So entsteht die Basis für dein Lebensskript. Du solltest mit Buntstiften aktiv dein Lebensbild entwickeln und aufzeichnen. Lass deinen Ideen freien Lauf!

Die Hinweise, Übungen und Ideen aus diesem Buch werden sich bei dir manifestieren, wenn du diese in dein persönliches Nachschlagewerk handschriftlich zu Papier bringst.

Nimm dir viel Zeit beim Lesen, lege Pausen ein, entspanne dich, so oft du möchtest, und beobachte die entstehende Kraft beim Schreiben deiner eigenen Worte.

So kreierst du den Leitfaden für dein neues spannendes Leben! Sei mit Spaß dabei und begeistere dich! Du kannst es!

Hinweis: Am Ende dieses Buches habe ich einige Entspannungs- und Meditationsübungen verfasst. Du kannst jederzeit darauf zugreifen, vor allem dann, wenn ich dich dazu auffordere. Probiere einfach aus, welche Übung am Besten zu dir passt. Zusätzlich findest du im Verlaufe dieses Buches einige Entspannungsübungen.

Eine wichtige Warnung

»Wer keine Gewohnheit ändert, der ändert nichts.« (Aristoteles)

Viele Menschen lesen Bücher und besuchen Seminare, machen eine Weiterbildung, aber die erkennbare Essenz der Informationen und deren Umsetzung fehlt. Was genau bringt mir das Wissen, was ich zur Veränderung benötige, und wie setze ich die entscheidenden und erforderlichen Schritte um?

Sicher hast du auch schon beim Lesen eines Buches erlebt, dass du voller Euphorie warst, von den Hinweisen inspiriert wurdest und dann zu schweben begonnen hast. In deiner Vorstellung hast du schon Pläne geschmiedet. In mehreren hundert Seiten konntest du lesen, wie du noch erfolgreicher und glücklicher werden kannst.

Und dann? Nach dem vollständigen Lesen des Buches hast du dich gefragt, womit du denn jetzt anfangen sollst. Richtig?

Dann hast du den ganzen Lesestoff zunächst zur Seite gelegt und dir vorgenommen, in den nächsten Tagen die konkreten Schritte einzuleiten! Und dann? Die Vision, der Plan und deine Träume blieben da, wo sie waren! Vermutlich sind sie heute noch dort. Eigentlich bist du doch zufrieden. So schlecht ist dein Leben doch nicht. Du bleibst in deiner persönlichen Wohlfühlzone und redest dir ein, dass alles doch gut ist! Du denkst, so ist das Leben. Mehr kannst und darfst du nicht erwarten!

Du schaust dich in deinem Bekanntenkreis um und stellst fest, dass die meisten Freunde doch auch ganz gut klar kommen! Das Gummiseil umschlingt dich und zieht dich in deine gewohnte Welt zurück! Es lebe das Motto: »Hier gehörst du hin. Die Gewohnheit hat auch seine guten Seiten.«

Dein Vorhaben ist gescheitert, aber ist auch besser so, denn du kennst dich in diesem Lebensbereich einfach besser aus. Später kommen wir auf dieses zentrale Thema noch ausführlich zurück.

Allerdings, wenn diese Zufriedenheit nicht wirklich ehrlich ist, dann besteht die Möglichkeit der schleichenden, virusähnlichen Unzufriedenheit. Das Leben ist dann nicht Freude, sondern Verpflichtung! Ich meine nicht Verantwortung.

Für dich bedeutet das nun, da du mit diesem Buch einen neuen Versuch startest, die vermittelten Rezepte, Anregungen und Anweisungen nicht nur aufzunehmen, sondern konsequent umzusetzen. Deshalb werde ich dir verschiedene Methoden erläutern, um dann auch wirklich das zu erreichen, was du als Potenzial in dir trägst.

Wenn du also den Wunsch nach mehr verspürst, nach einem anderen Leben, dann entscheide dich für die Veränderung. Die Zeit ist genau jetzt richtig und sie ist jetzt reif. Ohne Wenn und Aber. Bist du bereit? Es wird passieren, dass du vieles, vielleicht auch alles auf den Kopf stellst, was du bisher erlebt hast. Eine spannende Reise liegt vor dir. Sei mutig, sei etwas verrückt, tanze bewusst aus der Reihe, verabschiede dich von der Norm und löse deine Fesseln. Lass los, greife nach den Sternen und schaffe damit die Voraussetzung für ein erfülltes und glückliches Leben!

Upps! Was ist das denn?

„Wenn du es dir vorstellen kannst, kannst du es auch schaffen.“
(William Arthur Ward)

Es gibt unzählige Menschen, die ihre Blockaden nicht lösen und dann alles dafür tun, damit es auch so bleibt. Sie beschreiben ihre Lebensumstände, aber die Botschaft fehlt, diese zu beherrschen und zu entwickeln. Die Schuldigen sind immer die Anderen, also toben und poltern sie weiter und verschwenden ihre wertvolle Energie.

Das Leben kann aber leicht und locker sein, wenn du dich für mehr Gelassenheit entscheidest. Geh den ersten Schritt und gib Gas in deinem Leben!

Mache den Menschen, denen du begegnest eine Freude und lächle sie freundlich an, wenn du durch die Straßen schlenderst. Ein strahlendes Lächeln ist immer ansteckend und wirkt Wunder! Probiere es aus und genieße die Freude, wenn jemand dir fröhlich zurück lächelt. Du leistest damit einen tollen Beitrag dafür, dass die Welt ein bisschen besser wird.

Setze dich mal in ein Cafe oder Restaurant und stelle dein Buch auf den Kopf und dann lachst du laut und sagst auch noch: „Super, ist das klasse, tolle Idee, echt klasse geschrieben! So ist Leben!“ Freue dich auf diese Erfahrung und sei gespannt auf die Reaktionen.

Nur zur Klarstellung, die Druckerei hat hier keinen Fehler gemacht, diese Seite wurde bewusst auf den Kopf gestellt, denn sie soll dir die Botschaft geben, dass es wichtig ist, manchmal den Blickwinkel und die Perspektive im Leben zu verändern, denn so beginnt die Veränderung in deinem Leben.

Also mach den Salto und stell dein Leben hin und wieder auf den Kopf!

Weiter geht´s! Beginne jetzt! Es ist dein Leben!

Das Leben ist eine Megachance

»Was hinter uns liegt und was vor uns liegt, ist geringfügig, verglichen mit dem, was in uns liegt.« (Ralph Waldo Emerson)

Es ist völlig egal, auf welchem Platz du im Moment stehst, vielmehr musst du erkennen, dass diese Position, auf der du dich gerade befindest, die richtige ist. Es ist deine Ausgangsposition. Was hinter dir liegt, spielt keine Rolle mehr. Du kannst jetzt die Weichen stellen für deine persönliche Freiheit. Fülle deinen Platz also mit deiner ganzen Herzensliebe aus und nimm alles so an, wie es in diesem Augenblick ist. Du alleine hast die Wahl, niemand sonst, deshalb konzentriere dich auf den nächsten Schritt und damit in die gewünschte Wirklichkeit. Alles, was du dir bewusst vorstellen kannst, kannst du auch erreichen!

Deine Zukunft hängt ganz entscheidend davon ab, was du jetzt denkst!

Was denkst du jetzt in diesem Augenblick? Lass deinen Gedanken freien Lauf. Welche spontanen Gedanken, Momente und Ideen tauchen bei dir auf?

- ____
- ____
- ____

Wie denkst du darüber?

- ____
- ____
- ____

Wenn wir uns über die Macht unserer Gedanken bewusst sind, können wir nahezu jedes Ziel erreichen, wenn wir unsere ganze Energie auf dieses Ziel lenken!

Das bedeutet im Klartext, wenn du Krankheit denkst, hast du die Chance, diesen Zustand zu erreichen! Wenn du Gesundheit, körperliche Balance und Freude denkst, kannst du es auch erreichen! Für was entscheidest du dich jetzt?

Schreibe es jetzt auf!

- ____
- ____
- ____

Es ist besonders wichtig, dass du jede Aufgabe gründlich erledigst und erst dann weiterliest. Natürlich wird es dir nicht immer gleich leicht fallen und die Ideen werden nicht pausenlos aus dir heraus sprudeln.

Im Laufe der Zeit wirst du aber immer entspannter werden und schnell Fortschritte erkennen. Du hast eine hervorragende Entscheidung getroffen und deshalb bleibst du deiner Linie treu, selbst wenn es vorkommen sollte und du glaubst, dass du auf der Stelle trittst oder das Gefühl hast, du gehst sogar mal einen Schritt zurück. Auch Schritte zurück sind Schritte zu deinem Ziel. So einfach ist es.

Das Leben ist ein Spiel und Spiele machen Spaß. Du bist der Spielführer, du bist der Regisseur und somit Initiator deines Lebens. Deine Rolle im Film deines Lebens legst du fest. Das Drehbuch hat immer ein klares Ziel und als wesentlicher Teil davon bist du für das Ergebnis mitverantwortlich. Viele Menschen leben in einem Drehbuch, das andere für Sie schreiben. Zu diesem Menschen möchtest du nicht gehören, denn das hat absolut nichts mit dem Leben zu tun.

Es geht genau darum, die bisherigen Lebensmuster, Prägungen und Gewohnheiten zu verlassen und die Dominanz des Verstandes zu zertrümmern, damit er nicht die komplette Macht über uns behält. Unser Selbst kennt keine Grenzen und diese Erkenntnis gilt es, konkret wahrzunehmen und zu entwickeln, um damit das in dir liegende Potenzial zu nutzen. Gewohnte geistige Konstrukte müssen wir loslassen und unsere Energiekraft als Zauberwaffe einsetzen. Die wahre Supermacht ist unser Leben selbst. Es liegt buchstäblich in deiner Hand!

Zu allen Zeiten haben die großen Persönlichkeiten der Menschheit gewusst, vermutet und intensiv gefühlt, dass der Mensch zielbewusst leben kann und wie ein Kapitän sein eigenes Schiff steuern kann, ja sogar muss, um nicht durch die zahlreichen negativen Einflüsse aus dem Innen und Außen zu scheitern.

Die Entfaltung des Menschen gelingt nur, wenn er wirklich frei ist von Hemmungen, Komplexen, Angst und Stress.

Von Natur aus bekommen wir großartige Talente, Fähigkeiten, Begabungen und Möglichkeiten auf allen Gebieten des Lebens mit. Wir müssen diese vorhandenen Kräfte nur aktivieren und nachhaltig trainieren. In der Tiefe unseres Wesens liegen die Schätze und die inneren Kraftquellen. Wenn wir uns dieses Geschenk zu eigen machen, werden wir mit großer Lebensfreude unser Dasein bereichern.

Das Leben ist eine Megachance, übernimm also die Selbstverantwortung für dein Handeln und achte sorgfältig auf deine Gedanken und die damit verbundenen Gefühle. Die entscheidende Botschaft lautet: »Ich habe es so verdient, also mache ich es so, wie es mir gefällt.« Alles, was du dir vorstellen kannst, ist auch zu erreichen! Nutze die unglaubliche Kraft deiner Gedanken, mit Leidenschaft und Freude ist jeder Tag eine einmalige Chance, das Wunder des Lebens zu erfahren!

Um ein erfülltes Leben zu führen, müssen wir uns nur klar darüber werden, was wir wirklich möchten.

Wilhelm Busch hat einmal treffend festgestellt: »Um auf den rechten Weg zu kommen, muss man durch sich selbst hindurch.« Das Leben ist ein dynamisches Projekt, es ist ein einmaliges Geschenk und wartet darauf, immer wieder neu gestaltet zu werden.

Spiel dieses Spiel, dein Spiel, und mache es zu deinem Lebensmeisterwerk!

Du startest in eine neue Orientierung und bist dem Wendepunkt deines Lebens ziemlich nahe. Werde zum bewussten Schöpfer deines Lebens. Wenn du dich intensiv auf dieses Buch einlässt, dann wirst du wieder Purzelbäume, wie in deiner Kindheit, schlagen und erleben, was Lebensfreude bewirken kann.

Glück – die zauberhafte Voraussetzung für das Leben

»Da es sehr förderlich für die Gesundheit ist, habe ich beschlossen, glücklich zu sein«
(Voltaire)

Forscher haben entdeckt, dass Glück ansteckend ist. Wenn der Mensch Zufriedenheit und Freude ausstrahlt, dann profitieren Freunde, Kollegen und Menschen im direkten Umfeld auch davon und sind glücklich. Es kann zu einem wahren Dominoeffekt kommen und ganze Bevölkerungsschichten beeinflussen. Leider begrenzen wir uns zu oft und setzen unserer Glücksentwicklung Grenzen. Zudem gibt es genügend Kritiker und Zweifler, die ohne jegliche Grundlage bestimmte Annehmlichkeiten und Freudensprünge herablassend belächeln. Manche Menschen bekommen daher schon Schuldgefühle, wenn sie sich glücklicher fühlen als andere Wegbegleiter.

Sie glauben, dass sie selbst zu egoistisch sind, wenn sie glücklicher sind und andere eben nicht. Vergiss aber bitte nicht, dass du andere Menschen wirklich nur glücklich machen kannst, wenn du selbst glücklich bist. Also gibt es doch nur die eine Möglichkeit unsere Welt ein bisschen fröhlicher und glücklicher zu machen, nämlich dass wir zuerst selbst glücklich sind.

Lebenslust, Humor und Neugier ebnen den Weg zum Glücklichsein. Probiere dich jeden Tag neu aus und lerne dabei das

Leben zu leben. Optimismus und die Lust, intensive Momente zu erleben und sich damit ganz der Gegenwart hinzugeben, sind echte Glücksgeheimnisse.

Unsere Welt scheint doch alles zu haben, aber trotzdem ist eine Sehnsucht in uns. Kennst du dieses Verlangen und dieses Gefühl? In dir liegt eine bestimmte Kraft, aber du kommst nicht so richtig dran.

Wonach sehnen wir uns denn?

Wir haben uns zu viel Macht gegeben. Mit Computern und hoch entwickelten Maschinen sind wir für jede Aufgabe qualifiziert und können grenzenlos agieren.

Die Menschen definieren sich über ihren beruflichen Status und ihren Erfolg. Beruflich Profi zu sein und total erfolgreich seine Karriere zu gestalten, scheint eines der attraktivsten Ziele zu sein. Wichtig ist es, beruflich in der 1. Liga oder gar Champions League zu spielen, und privat nehmen wir so zwangsläufig auch ein Desaster in Kauf.

Was läuft da falsch? Wir nehmen in Kauf, dass unsere geistigen, seelischen und körperlichen Kräfte schwinden, und bleiben trotzdem auf dem Pfad der Verwirrung.

Der Mensch weiß nicht wirklich genug über sich selbst.

Ist dir bewusst, an welchem Punkt du im Moment in deinem Leben stehst? Es geht hier nicht um die Frage, wie alt du bist und wie lange Du noch auf dieser wundervollen Erde sein darfst.

Stelle dir vor, du schaust auf eine große Landkarte und sollst wissen, wo du stehst oder wo du bist. Ja, da ist der Anfang und dadurch findest du die Orientierung.

Wenn Du dir ein Auto kaufst, willst du genau wissen, wie die Maschinerie funktioniert. Du studierst die Anleitung und machst dich mit dem Fahrzeug vertraut, überlässt nichts dem Zufall. So ist es auch mit deinem Körper. Dein Steuer liegt innen und hier ist die Schaltzentrale. Das Armaturenbrett ist innen und das Auto fährst du im Außen. Logisch, wirst du sagen, oder?

Die wichtigste Voraussetzung ist also, dass du das Armaturendisplay kennen musst, denn hier werden alle Funktionen und Auswirkungen sichtbar!

Wir kennen so viele Menschen, die locker und lässig sagen: »Mal sehen, was das Lebens uns so bringt.« Das ist natürlich eine fatale Auffassung und eigentlich eine Beleidigung an unser Leben.

Obwohl wir unsere Lebensumstände oft ziemlich konkret beschreiben, sind wir nicht bereit zu lernen, diese zu beherrschen, zu kontrollieren und zu entwickeln. Wir treten unser Geburtstagsgeschenk mit Füßen und geben anderen die Schuld, wenn etwas nicht funktioniert. Diese gelernten Muster verhinderten die Verwirklichung unserer Träume, obwohl wir die Fähigkeiten besitzen, unser Lebenskonzert so zu arrangieren, dass es einen besonderen Sound produziert.

Als Voraussetzung für das Gelingen der Lebensreise müssen wir uns unbedingt einige wichtige Fragen stellen und dann beantworten. Nur so legen wir den Grundstein für die Richtung, in die wir uns bewegen. Die Antworten sind Teil deines Fahrplans.

- Wer bin ich?
- Was will ich wirklich?
- Wie bekomme ich, was ich will?

Diese Fragen klingen möglicherweise recht einfach, aber die Antwort fordert schon deine ganze Konzentration. Ich möchte dich auch etwas provozieren und dich ausdrücklich motivieren, dass du diese Frage intensiv beantwortest. Du kannst fantastische Erkenntnisse aus diesem Kapitel erzielen.

Wer bist du also? Du bist kein Name, du hast einen Namen. Also wer bist du? Hast du einen Titel oder bist du ein Titel? Kannst du sagen, wer du wirklich bist? Wie ist deine Identität? Ich weiß, dass diese Fragen etwas nervig sind, aber das ist gut so. Hast du jemals solche Fragen gehört?

Die meisten Menschen sagen und erzählen, was sie haben. Solange wir nur das tun, stecken wir im Dilemma.

Du kannst dein Leben jederzeit in eine aufregende Form bringen, so, als würdest du ein Bild malen oder eine Figur aus Holz schnitzen.

Wenn du weißt, wer du bist, brauchst du dich nie zu erinnern. Wenn du aber vorgibst, jemand anderes zu sein, musst du dich erinnern. Verstehst du, was ich meine?

Genauso ist es doch. Wenn du die Wahrheit sagst, musst du dir nichts merken. Entscheidest du dich aber für Lüge, dann wird es kompliziert, denn du weißt nie, wann und wo du etwas gesagt hast.

Worte alleine sind nutzlos. Deine Willenskraft und deine Entschlossenheit sind wesentliche Antreiber, um deine Identität zu leben.

Du bist, wer du bist. Du bist einzigartig. Wir spielen natürlich verschiedene Rollen. Diese Rollen überschneiden sich und dadurch kommt der Mensch in Schwierigkeiten. Wenn wir lernen, damit umzugehen, ist alles in Ordnung.

Sei dir deines Selbst bewusst. Es hängt nur von dir ab, wie du die Dinge betrachtest. Diese Erkenntnis spielt eine Schlüsselrolle in deinem Leben.

Wenn du schwimmen kannst, ist das Meer für dich kein Problem. Wenn du aber nicht schwimmen kannst, ist Wasser möglicherweise der Untergang für dich und kann den Tod zur Folge haben.

Es ist aber nicht die Schuld des Wassers. Lerne das Leben zu leben, es ist fantastisch und wird dich glücklich machen.

Wenn du aber nicht weißt, wie du es leben sollst, dann ist es eher Fluch als Segen. Finde und erlebe also deine Mitte und dann bist du auf der traumhaften Achse deines Lebens. Dann erfährst du, was es heißt, in Balance zu sein. Ein Pendel ist so lange in Bewegung, bis es am Ziel ist und ruhig geworden ist. Dann ist es eben genau in seiner Mitte.

Was willst du also wirklich? Glück? Es sieht aber so aus, als wolltest du Arbeit, Schule, Universität, Bildung und Geld. Wohin gehst du, um bestimmte Dinge zu bekommen? Du gehst in Einkaufszentren, in Geschäfte und Banken, um nur einige Anlaufstellen zu nennen.

Wohin aber gehst du, um Glück zu bekommen oder zu erschaffen? Ich weiß, dass diese Fragen etwas provokativ sind, aber da müssen wir nun mal durch. Dieses Kapitel verändert dein Leben.

Wir können dieses Thema aber auch abkürzen, denn für Glück gibt es keine Anlaufstelle, keinen Kaufmarkt oder Selbstbedienungsladen.

Nur du kannst das Glück selbst machen! Basta! Punkt!

Du kannst die Schönheit deiner selbst sehen, Glück bist du selbst, nicht im Innen ist das Glück und auch nicht im Außen.

Ich setze noch ein Ausrufezeichen drauf und gebe dir den ultimativen Auftrag dich von Täuschungen zu verabschieden. Die lebenslange Suche nach dem Glück ist zwecklos, denn du findest es so nicht. Erst dann, wenn du erkennst, dass du selbst das Glück bist, erst dann hast du den Gipfel erreicht. Dann hast du es geschafft und du bist mit dir im Reinen. Du spürst die Einheit von Geist, Körper und Seele und bist mit dir selbst glücklich.

Die Suche nach dem gewissen Etwas hat meistens Stress und inneren Druck zur Folge. Grundsätzlich behaupte ich, dass Wohlfühlen ein Ziel sein kann. Dieses Gefühl ist dem Glück sicherlich schon sehr nahe. Ein Mensch, der täglich kämpft für seine Ziele, ist genauso glücklich wie der, der leicht nachgibt. Auch kann man glücklich durch Krankheit, Armut, Gesundheit und Reichtum gehen. Das ist machbar und auch möglich.

Für die meisten Menschen gibt es immer einen Grund für Glück. »Wenn ich ein neues Auto bekomme, bin ich glücklich.« »Wenn ich kein Auto habe, bin ich eben nicht glücklich.« »Wenn ich einen tollen Urlaub mache, bin ich glücklich.« »Wenn ich keinen Urlaub mache, bin ich eben nicht glücklich.« Wir können hier genügend Beispiele aufzählen.

Wenn wir nun den Grund für das Glück wegnehmen, ist das Glück auch weg, zumindest für eine gewisse Zeit! Richtig?

Wenn du das Glück also immer nur suchst, dann verneinst du das Glück zu sein. In diesem Buch werden wir uns immer wieder mit diesen Gegebenheiten und den entsprechenden Zusammenhängen beschäftigen. Es ist eben wie ein Lebenskurs und deshalb müssen wir die verrosteten Prägungen aufbrechen. Die Selbsterkenntnis wird klar in den Fokus geschoben und so stellst du für dich die entscheidenden Weichen.

Frage dich doch jetzt einmal, warum hast du bisher deinen Wunschtraum (wenn du einen hast, aber du hast ganz sicher einen Traum) nicht verwirklicht? Was sind die Gründe? Was ist die Entschuldigung?

Jetzt lautet die eindeutige Botschaft: »Stopp!« Es reicht endlich!

Schluss mit den Ausreden, den Zweifeln und den vorgeschobenen Gründen! Mach doch mal reinen Tisch mit dir! Du kannst dein Leben traumhaft leben, wenn du dich dafür entscheidest.

Manchmal muss man – nein, du – neue Wege erkunden und auch Umwege gehen, um neue Wirklichkeiten zu finden. Lass dich von der neuen für dich möglichen Lebensqualität inspirieren und genieße die einzelnen Schritte. Respekt und Liebe füreinander zu haben ist ein erster Meilenstein für deine Neuentwicklung. Geh auf Entdeckungsreise und verbinde dich mit deinem Selbst und deinem Selbstwertgefühl. Suche nicht zwanghaft einen anderen, der dich liebt. Wenn wir einen Grund für Liebe und Glück brauchen, ist die Gefahr permanent vorhanden, dass dieser Grund einmal wegfällt.

Liebst du dich selbst dafür, wer du bist, oder dafür, was du hast? Wie ist deine Antwort? Schreibe sie auf!

Wenn du die Antwort gegeben und auch aufgeschrieben hast, dann hast du schon wieder eine weitere Stufe geschafft. Eine weitere Erkenntnis ist, dass du aufhören solltest dich selbst zu täuschen. Erkenne also, was ist.

An dieser Stelle möchte ich dir noch ein paar wesentliche Fragen zur Vertiefung der Selbsterkenntnis stellen. Du hast schon begonnen, die Frage »wer bist du?« zu beantworten und sicher schon einige Antworten gefunden.

Komme immer wieder zurück auf diese Frage und vervollständige die möglichen Antworten. Ich stelle dir nun noch einige Fragen an dein ICH. Bitte beantworte die nachfolgenden Fragen so aufrichtig und ehrlich, wie es nur möglich ist. Lass dich von deinen Gefühlen leiten, um das wirkliche Bild deiner Lebensgeschichte zu erhalten.

- Hast du eine Lieblingsgeschichte aus deiner Kindheit? Wenn ja, welche ist es? Schreibe sie auf!
- Wenn dich jemand nach deiner Kindheit fragt, welche Geschichte erzählst du besonders häufig? Schreibe sie auf! Ist es die gleiche Geschichte wie bei der vorgenannten Frage?
- Gibt es eine Geschichte, die du bei Fremden nie erzählen würdest? Welche Geschichte möchtest du nicht oder nur ungern erzählen?
- Gab es in deiner Kindheit und Jugendzeit Umstände und Ereignisse, die dir schmerzhafte Erinnerungen bereiten? Wirtschaftliche oder soziale Umstände?
- Gab es in deiner Kindheit lebensbedrohliche Erlebnisse? Wenn ja, wie viel Kraft war notwendig, um aus dieser Situation heraus zu kommen?
- Gibt es etwas, wofür du dich schämst?

Nimm dir die Zeit in einer ruhigen Phase diese Fragen gründlich zu beantworten, denn sie werden dir neue Erkenntnisse offenbaren. Den Weg zu dir selbst zu finden ist eine schöpferische Aufgabe und Herausforderung zugleich. Erkenne also, wer du bist. Irgendwann in deinem Leben macht es Klick und dann zeigt sich eine weitere erfüllende Entwicklung.

Die Jugendzeit ist sicher etwas Schönes, aber das Wichtigste ist die immerwährende Jugend in dir selbst. Du liebst dich selbst für das, was du bist. Das ist übrigens Reichtum und Erfüllung.

Solange das Geld, Gold oder Silber dich schön macht, willst du es haben und behalten, aber wenn es dir Unglück oder den Tod bringen könnte, weil du bedroht wirst, gibst du es sofort ab. Richtig? Ja, klar! Und warum? Weil du dich selbst mehr liebst als deine

Reichtümer, die wohl meistens nur materieller Art sind. Mach es dir endlich bewusst! Die Liebe ist die Quelle der Freude und damit die Quelle des Glücks. Gib dir das Versprechen, immer du selbst zu sein und glücklich zu sein. Bitte schreib dir auch diese wunderbaren Lebenswahrheiten in dein persönliches Buch. Dazu gebe ich hier nun einen weiteren Tipp.

Lege dir jetzt ein Glückstagebuch an und schreibe dein Startdatum von heute auf die erste Seite. Male mit bunten Stiften alles auf diese Seite, was deinen Traum, auch wenn du diesen Traum noch nicht so genau kennst, bestärkt. Suche Fotos, Zeitungsausschnitte und Texte aus, die dich inspirieren und klebe diese in dein persönliches Exemplar. Schreibe auf, wofür du in deinem Innersten brennst. Es ist dein persönliches, geliebtes, inspirierendes und zielführendes Glücksbuch!

(Hinweis zum Notizbuch, was du bis hierhin geführt hast.)

Alles was du bisher in diesem Buch markiert oder herausgeschrieben hast, kannst du jetzt in dein Glückstagebuch übertragen. Nimm dir ausreichend Zeit dafür. Mach das Buch zu deinem Lebensskript und damit zu deinem treuen Begleiter.

Dieser Veränderungsprozess setzt bei dir unbegrenzte Energien und Kräfte frei. Es ist wie eine Neugeburt, bei jedem Atemzug spürst du die intensive Veränderung deiner Persönlichkeit und deine Wahrnehmung erfährt eine kraftvolle Intensität.

Es ist ähnlich wie die Verwandlung einer Raupe zum Schmetterling. Sobald die Raupe spürt, dass sie etwas Neues werden will, verpuppt sie sich und dann zieht sie sich zurück in einen Kokon. Genau jetzt in dieser Stille geschieht die Transformation und dann wird dieser wunderbare farbenfrohe Schmetterling geboren!

Aber das ist erst der Anfang, denn die Raupe gibt es nicht mehr. Sie wurde zum Schmetterling und konnte nur kriechen, aber nicht fliegen. Die bisherige Erfahrung reicht nicht mehr, denn nach der Neugeburt muss sie lernen zu fliegen. Sie muss bewusst verinnerlichen, dass sie ein Schmetterling ist, und dann fliegt sie einfach. Über das bisherige Leben erhebt sie sich und genießt das Fliegen. Neue Herausforderungen kommen auf sie zu, Risiken und Chancen warten im neuen Leben.

Die ultimative Aufforderung lautet jetzt: Höre nicht auf die Stimme der Raupe, sondern höre ab jetzt nur noch auf die Stimme des Schmetterlings, denn das ist auch die Stimme deines Herzens.

Die Spuren der Kinder- und Jugendzeit – Früher ist nicht Heute! Oder doch?

»Leidenschaft ist der Motor für unser Leben!« (K. Klar)

Ich erinnere mich sehr gerne an meine Kindheit, wo ich mit meinen Eltern und Geschwistern auf einem kleinen Bauernhof außerhalb eines 300 Einwohner zählenden Dorfes mitten in der Natur lebte. Unsere Welt schien so ziemlich in Ordnung zu sein.

Im Laufe meiner Kindheit blieb mir nicht verborgen, dass mein Vater und meine Mutter sehr schmerzhafte Erfahrungen in der Zeit des Zweiten Weltkrieges gemacht hatten. Mein Vater hatte fast seine komplette Familie verloren und stand bei seiner Heimkehr vor dem Nichts! Nur ein Sohn, unser heutiger Bruder, überlebte mit acht Jahren dieses schreckliche Szenario. Meine Mutter verlor ihren Jugendfreund. Durch diese schicksalhaften Ereignisse fanden meine Eltern zusammen und so wurden meine vier Geschwister und ich aus dieser Ehe geboren. Irgendwie ein seltsames und schicksalhaftes Zusammenspiel.

Mir ist immer wieder aufgefallen, dass insbesondere mein Vater trotz einer wunderbaren neuen Familie diesen erlebten Schicksalsschlag wohl nie vergessen und ausblenden konnte. Im Alter von 14 Jahren erzählte er mir in einer besonderen Situation unter Tränen von diesen traurigen Erlebnissen und ich versuchte ihn zu trösten. Ich war tief gerührt und spürte ein enormes Mitgefühl und auch eine gewisse Hilflosigkeit. Irgendwie habe ich diesen Augenblick nie vergessen und die damit verbundenen Gefühle tauchen auch heute noch hin und wieder auf.

Nach nur einem Jahr dieser beeindruckenden Begegnung starb mein Vater völlig plötzlich und unsere Familie wurde in eine extreme und tragische Schocksituation hineingeschleudert. Wie sollte es jetzt weitergehen? In dieser schwierigen Zeit habe ich sehr wenig Mitgefühl von Freunden und Bekannten bekommen. Ich kann mich nicht erinnern, dass mich irgendjemand gefragt hat: »Wie geht es dir?« oder »Wie fühlst du dich? Kann ich dich unterstützen?« Ja, so ist das Leben, so ist die Menschheit! Ich fühlte mich in dieser Zeit oft hilflos, sehr traurig und verloren!

An wen und was denkst du, gehst du mit offener, herzlicher Wahrnehmung durch das geschenkte Leben? Warum fällt es den Menschen so schwer, in extrem schwierigen Lebenssituationen die Nähe zu den vermeintlich hilflosen Menschen zu finden? Fragen, die das Leben manchmal beantworten muss. Ist es Überforderung, Unsicherheit, Rücksichtslosigkeit, Egoismus oder sogar Angst vor der jeweiligen Situation, denen wir uns nicht stellen möchten?

Doch auf dem Gymnasium haben mein damaliger Religionslehrer und unser Leiter der Oberstufe oft versucht, mir Trost zu spenden. Die Lehrer interessierten sich wirklich für meine Situation! Danke heute noch an diese hervorragenden und mitfühlenden Lehrer und Menschen, die ich nie vergessen werde.

Es ist scheinbar völlig egal, was und wie andere sich fühlen! Also, wenn nicht in dieser Lebenssituation, wann bin ich dann für andere Menschen da? Es war eine harte, aber wegweisende Lebenserfahrung.

Dieses Erlebnis hat mich sehr geprägt und wurde für mich zu einem Leitstern, um Menschen nachhaltig zu unterstützen, damit sie ihr wahres Potenzial aufbohren und das Leben mit ihren Erfahrungen und Fähigkeiten situativ meistern können.

Ich verzichte auf weitere Schilderungen und Empfindungen, aber die nächsten Monate und auch Jahre waren für mich oft die Hölle und die Zukunft schien ein Szenario aus Angst, Hoffnungslosigkeit und Sorge, dass unsere Mutter hoffentlich doch ihre Kraft und Energie behält und für uns alle da sein kann.

Es klappte, gemeinsam meisterten wir in unserer Familie viele Herausforderungen und aus heutiger Sicht weiß ich, dass ich meine Energie auf die Zukunft gelenkt habe. Der Tod meines Vaters hätte mich ebenso in den Abgrund gleiten lassen können oder mir die Kraft geben, um das tragische Erlebnis anzunehmen und das Leben zu gestalten. Ich hatte die Wahl und ich habe mich entschieden. Trauer und Schmerz veränderte ich in Entschlossenheit, Mut und Lebensfreude. Diese Botschaft habe ich sicher durch meine innere Stimme erfahren, obwohl ich damals noch nichts damit anfangen konnte, aber diese Stimme war definitiv da. Meine erste große Bewährungsprobe des Lebens hatte ich gemeistert.

Mutig sind wir, wenn wir vertrauensvoll den Ruf unseres Herzens folgen. Mit Leidenschaft und Beharrlichkeit lernen wir, eine neue Welt zu betreten und das Abenteuer Leben in Freiheit zu beginnen. Mit solchen kraftvollen Formulierungen machte ich mir Mut für die neue Lebensetappe.

Träume lassen sich verwirklichen! Wer den Mut hat, für den ist auch der Weg da. Für die »Noch-Skeptiker« von euch möchte ich ausdrücklich feststellen, dass Träume natürlich ein gewisses Wagnis sind und vielleicht sogar eine Mutprobe. Es könnte sich herausstellen, dass es möglicherweise ein Irrtum war. Auch wenn uns die innere Stimme und die wahre Berufung dazu bewegen, den Schritt zu machen, werden wir immer wieder auf den Prüfstand gestellt und unser Ego und unser Verstand melden sich und stellen Fragen, rufen Zweifel auf, ob wir diesen Weg wirklich gehen wollen. Dieser Verhinderer deiner Lebensvision ist immer am Start und legt hartnäckig sein Veto ein. Sicher hast du auch schon solche Situationen erlebt und erinnerst dich an die Reaktionen und die daraus resultierenden Ergebnisse.

Das ist allerdings ein entscheidender Punkt, an dem wir uns in eine neue Lebenszone begeben und auch etwas Panik auftreten kann. Hier kommt dann die Frage auf: »Ja oder nein, zurück oder weiter?« Kann ich mir das erlauben, wo andere das eigene Ziel doch auch nicht erreichen? Dieses Denken hat immense Auswirkungen bis hin zu möglichen aufkommenden Schuldgefühlen. An diesem Punkt entscheidet sich, ob du deinen eigenen Selbstwert verinnerlicht hast, den du mit auf diesen Kosmos gebracht hast. Jetzt stehst du an der Klippe deiner Veränderung und Verwirklichung, jetzt fällt die Entscheidung, ob du frei sein wirst. Frei für deinen Lebenstraum!

Was würdest du ab heute tun, wenn du genau wüsstest, dass du nicht scheitern kannst?

Fehlt dir hin und wieder der Mut, das zu tun, was du wirklich willst?

Wenn diese Fragen immer wieder bei dir aufkommen, dann ist es höchste Zeit, dass du dich auf den Weg machst. Geh den Weg zu deinem Ziel und nicht zu den vermeintlichen Problemen. Verlasse den bisherigen Lebenspfad und lass dich auf das Abenteuer ein. So werden Helden geboren, denn sie werden vom Nebendarsteller zum Hauptdarsteller.

An dieser Stelle möchte ich auf das spannende Komfortzonenmodell hinweisen. Allerdings fasse ich mich hier relativ kurz, um die Grundsätze dieses interessanten und aufschlussreichen Denkansatzes zu erläutern.

Die **KOMFORT** ZONE

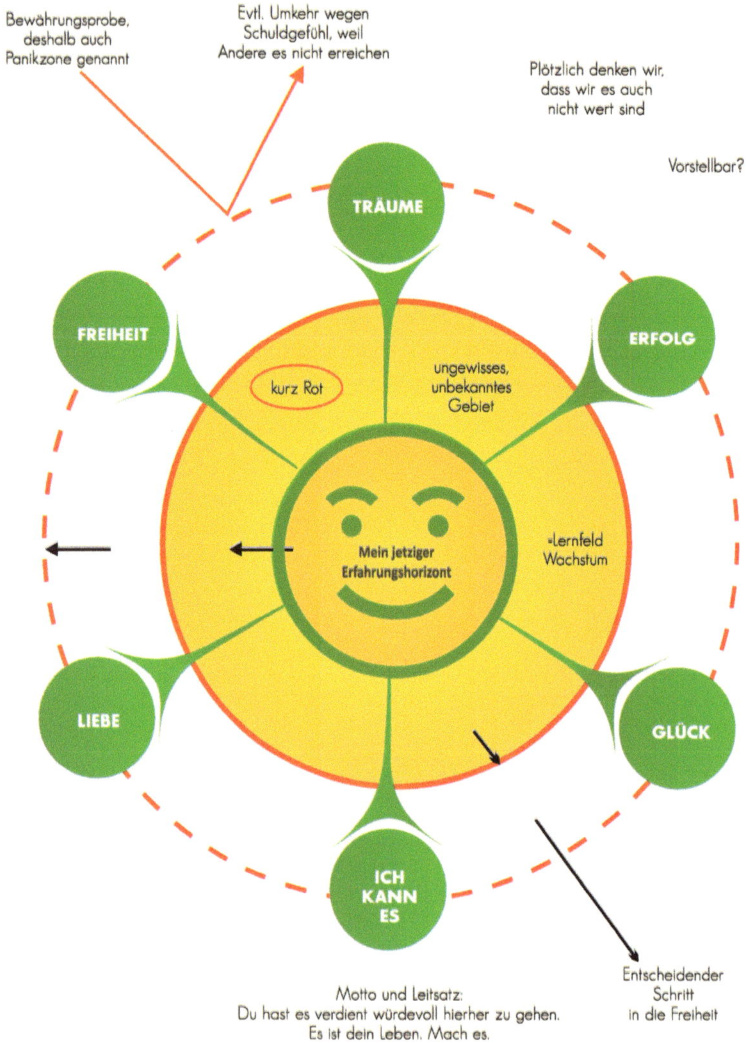

Konrad Klar

Was ist die Komfortzone? Was ist deine persönliche Komfortzone?

Eine sehr treffende Betrachtung ist die Vorstellung, dass es ein nahezu geschlossener Kreis um dich herum ist. Allerdings sieht man diesen Kreis natürlich nicht, denn er ist nicht sichtbar. Dennoch setzt er dir deutliche Grenzen, obwohl du dich in dieser Zone so richtig wohl fühlst. Hier bist du frei, hier kennst du dich genau aus und hier kannst du dich so bewegen, wie es dir gefällt. Die Gewohnheiten und deine Überzeugungen bestärken dein Vertrauen in diesem Feld. Die Melodie deines Lebens klingt in dieser verlässlichen Umgebung sehr harmonisch. Ob es um deine Familie, deinen Arbeitsplatz, dein Hobby oder Freizeitverhalten geht, ist zunächst egal, denn alles hat eben seine Ordnung.

Die Komfortzone hat allerdings dauerhaft ihre Tücken, denn es kann zu regelrechtem Stillstand in deiner Entwicklung kommen. Wachstum und Veränderung bleiben auf der Strecke und Lebensfreude, Zufriedenheit und Glück bleiben auf Dauer nur Wünsche.

Wir bevorzugen Sicherheit und glauben, dass wir uns wohlfühlen. Leider ist das ein folgenschwerer Trugschluss, der uns Gefühle vorgaukelt, die uns in Bedrängnis bringen. Wir werden gelebt und lassen uns von anderen steuern. So geben wir anderen die Macht und lenken uns mit Essen, Trinken und Fernsehen ab.

Das regelmäßige 3-F-Syndrom Fernsehen, Flaschenbier und Filzpantoffeln ist unser Abendprogramm und hat fatale Auswirkungen. Wir sind nicht wirklich in Balance, denn wir überspielen die auftretenden Symptome und später führt diese Ablenkung zur Frustration, das heißt, die anderen sind schuld, unsere Regierung, unsere Kollegen, unser soziales System, etc. Kennst du das? Die nächste Stufe äußert sich als Zorn, permanenter Ärger und letztendlich als Krankheit, Depression und Burnout.

Wir haben ignoriert, dass unsere Öllampe schon ewig leuchtet und versäumt, die geistige Inspektion vorzunehmen.

Mit unserem Auto wären wir schon längst in die Werkstatt gefahren, aber mit unserem Körper, unserem Geist und unserer Seele lassen wir die Entwicklung einfach so laufen. Unglaublich, oder?

Wenn wir bewusst unsere innere Stimme und die Zeichen, die wir von dort bekommen, ignorieren, blockieren wir letztlich konsequent unsere Energie und öffnen damit, mit diesem Verhalten, das Tor zur Entstehung körperlicher und psychischer Beschwerden!

In Wahrheit erkennen wir das Ampelsystem nicht. Unser Leben gibt uns ein Signal, wie die Öllampe im Auto, um uns wach zu rütteln, aber unsere Reaktion bleibt bescheiden. Du kennst sicher Menschen, die nach einem physischen oder psychischen Kollaps ihr Leben neu gestalten und sich motivierend äußern: »Ich habe meine Lektion gelernt und bin dankbar dafür, ein neues Leben geschenkt bekommen zu haben.«

Viele von diesen Menschen geben ihren Beruf auf, machen Reisen und leben ihre Träume. Sie machen Inventur in ihrem Leben und nur noch das, was ihnen gut tut!

Aber muss es so weit kommen? Nein! Prüfe also, ob du in deiner Wohlfühlzone wirklich zufrieden bist!

Träume deine Freiheit, wie gesagt, »DEINE« Freiheit, und verlasse die Komfortzone und damit deinen jetzigen Erfahrungshorizont.

Öffne die Schleuse und betrete das zunächst unbekannte Gebiet. Dieses Neuland ist für dich ein Lernfeld und bedeutet dauerhaft persönliches Wachstum. Das Vertraute hast du jetzt verlassen und ein neues Abenteuer steht bevor. Skepsis und Zweifel machen hier immer wieder den Kritiker und sagen dir den Kampf an! Du stellst dir die Frage: »Ist das hier jetzt die richtige Entscheidung?« Etwas, was du gut kennst, zu verlassen, ist immer eine besondere Erfahrung, die zunächst viel Mut erfordert.

Wenn du allerdings die Vorstellung hast, dass dein Leben einfacher und besser sein könnte, dann gibt es auch keine wirkliche Zufriedenheit bei dir. Das bedeutet eindeutig, dass du reif für eine neue Erfahrung bist und die Komfortzone eben nicht komfortabel und glücklich macht. Der Wunsch nach Freiheit, Träumen, Liebe,

Erfolg und Glück wird zum Motivator und damit zum Initiator für deine Selbstverwirklichung. In der Lernzone läuft die Vorbereitung auf Hochtouren und die Bereitschaft für die Veränderung in deinem Leben ist beschlossene Sache. Doch in diesem Prozess kann es noch einmal kritisch werden und zur Bewährungsprobe kommen. Deshalb wird diese Hürde auch als Panikzone bezeichnet. Hier können Gedanken aufkommen, die dich aus der Bahn werfen könnten, denn das Ego, deine Routine und dein Wertesystem zwingen dich möglicherweise zur Rückkehr.

Du denkst, dass andere es auch nicht tun, und damit gibst du deinem Schuldgefühl Platz und Raum und denkst an die Umkehr.

Plötzlich glaubst du, dass du es gar nicht wert bist, diese Freiheit zu wählen. Hier an diesem Punkt entscheidet es sich, ob du den entscheidenden Schritt machst. Jetzt schaue nicht zurück und mach den Freudensprung aus der Komfortzone. Du hast es verdient, denn sonst hättest du dieses Buch nicht gekauft. Deine innere Stimme ist zuverlässig. Es ist dein Leben!

Veränderung muss nicht anstrengend sein. Aber wenn es so ist, dann lohnt es sich, in unbekanntes Gebiet vorzudringen, denn nur da können wir dazulernen, Neues entdecken und Erfahrungen sammeln. Folge also deiner Sehnsucht. Sie ist einer deiner Leitsterne.

Persönliche Entwicklung und damit Wachstum ist von der Evolution so gewünscht und kann nur außerhalb der Komfortzone stattfinden. Der Erfolg beginnt in der Wachstumszone. Wenn du den Kreis der komfortablen Grenze durchbrichst, hast du den kritischen Moment gemeistert. Du verlässt Altes und beginnst Neues. Jetzt hast du eine neue spannende und herausfordernde Erfahrungsebene erreicht! Herzlichen Glückwunsch!

Hinweis: Mit diesem Thema beschäftigen wir uns detailliert in einem zweitägigen Seminar und im persönlichen Coaching.

Der Zauber des Lebensspiels

»Gestern war ich klug, da wollte ich die Welt verändern, heute bin ich weise, deshalb verändere ich mich selbst.« (Sri Chinmoy)

Die immer wiederkehrenden Sprüche, wenn ich …, dann ..., hätte ich …, dann wäre ich glücklich, solltest du ab jetzt aus deinem Sprach- und Denkschatz verbannen, denn sie machen dein Leben nur kompliziert und bringen dich immer wieder an den Ursprung deines bisherigen Denkens zurück. Ja, diese Vorgehensweise wirkt sogar kontraproduktiv. Wir sind Gefangene unseres Denkapparates Gehirn und deshalb benötigen wir besondere Mechanismen, um diese Denkstruktur aufzuhämmern. Nur das positive Denken reicht nicht aus, aber es unterstützt den neuen Weg des Zukunftsdenkens!

Um destruktive Gedankenmuster zu verändern und dann an die positiven anzukoppeln brauchen wir nachhaltige Strategien! Die moderne Gehirnforschung geht davon aus, dass eine Veränderung nur durch spielerische Elemente gewährleistet wird, das heißt, wir müssen mit gewissen greifbaren Dingen zielführend arbeiten und diese dann gestalten. Wir sollten jeden Tag etwas Neues ausprobieren und den Gewohnheitspfad verlassen, neugierig auf das Unbekannte sein und auf Entdeckungsreise gehen. Beispielsweise schenkt die Natur uns tausende eindrucksvolle Wunder, die wir erleben dürfen. Diese schönen Erlebnisse können wir in unserem Gedächtnis verankern und so manifestieren. Wenn wir nach der

Beobachtung unsere Augen schließen und das Erlebte vor unserem geistigen Auge auftauchen lassen, als würden wir im Kino sitzen und ein Ritual genau in diesem Moment manifestieren, dann haben wir ein neues bleibendes kleines Wunder in uns erschaffen. Hierzu genügt es beispielsweise, wenn du Daumen und Zeigefinger oder Mittelfinger fest zusammendrückst.

Mit dieser Strategie verankern wir neue Verbindungen in unserem Gehirn, die wir leicht und zu jeder gewünschten Zeit abrufen können. Die Gehirnforscher bezeichnen das als Neuroplastizität. Unser Gehirn besitzt die Fähigkeit, sich jederzeit neu zu verdrahten und dadurch neue Denk- und Verhaltensmuster zu kreieren und zu installieren.

Durch Neugier und Handlungen verändern wir unseren Blickwinkel. Wir programmieren uns in eine neue Wahrnehmung und damit in eine erfolgreiche Welt, mit vielen faszinierenden Eindrücken!

Grundsätzlich ist immer Initiative gefragt. Täglich mindestens zehn Minuten raus in die Natur. Fotos machen. Sortiere 30 Tage lang deine Fotos. Welche Motive sind es, sind sie fertig, sind sie grau, was siehst du noch? Sind sie sonnig? Beobachte so intensiv wie du es bisher noch nie getan hast. Schreibe einige Gedanken dazu auf, wann immer du Lust dazu hast.

Eines ist absolut sicher. Wir entscheiden uns in jedem Augenblick, wohin wir unsere Aufmerksamkeit lenken oder richten. Immer und ewig. Es geht gar nicht anders! Dieser Chance kannst du nicht entkommen.

Meine Philosophie möchte ich dir ausdrücklich ans Herz legen. Genieße dein Leben und sei mit Spaß bei der Sache, egal, was du gerade tust. Gezielt angewendet wird jeder Moment in deinem Leben dein irdisches Dasein bereichern. Wiederhole die Glücksmomente so oft wie möglich. Dein Leben wird sich sicher verändern. In diesem Zusammenhang lohnt es sich, die Entwicklung der ersten Lebensjahre eines Kindes näher zu betrachten.

Als Kinder strahlen wir einfach nur Glück aus. Dieses Glück entsteht aus sich selbst heraus, weil sie keine Ängste und keine Grenzen kennen. Wir fühlen uns wie auf einer Wolke mit einer grenzenlosen Kraft. Wir haben Spaß daran die Welt zu erobern. Leider bleibt dieses Dasein im Laufe der Entwicklung hin zum Erwachsenen größtenteils auf der Strecke!

Das Wichtigste in unserem Leben ist immer der gegenwärtige Augenblick. Unser Leben ist die Aneinanderreihung von Momenten. Mache den Augenblick zu einem Freudenfest. Diese Fähigkeit besitzen die Kinder in den frühen Lebensjahren und sind ein wahres Freudekraftwerk.

Irgendwann in den frühen Kinderjahren werden sie aber dann in ein Korsett mit Bedingungen, Auflagen und Gesetzen gepresst und lernen, was gut und böse, Sieg und Niederlage ist, und dann verhalten sie sich so, wie es ihnen beigebracht wurde. Wir lassen uns dann später zu sehr einschränken von dem was uns fehlt, anstatt zu schätzen, was wir haben. Wir beurteilen mehr, anstatt aufrichtig und dankbar mit unseren Mitmenschen umzugehen. Eigentlich ist dieser Umgang mit den Menschen ein Desaster, da es jegliche Entwicklung abwürgt, anstatt zu fördern. Unsere Einzigartigkeit gerät ins Wanken.

Kinder werden ohne jeglichen Zweifel mit grenzenloser Liebe in diese Welt geboren und es sind wohl die nicht zu überbietenden Glücksgefühle, die wir bei der Geburt eines Sprösslings erfahren dürfen.

Sobald die Kinder diese Welt erblicken, beginnt auch die Lebensreise des Kindes. Die Eltern tun alles für ihre Sprösslinge, was sie für richtig halten, und das ist wohl auch keine leichte Aufgabe, denn die Eltern handeln meist auch so, wie es in ihrer eigenen Erfahrungsfestplatte abgespeichert ist.

Die Experten bezeichnen diese Entwicklungsbegleitung als Erziehung. Ob diese Formulierung zutreffend ist, darf allerdings in Frage gestellt werden.

Erziehung soll doch helfen, unser eigenes Ich zu erforschen, um so den eigenen Masterplan zu entwickeln mit all unseren

Ressourcen, Fähigkeiten und Möglichkeiten.

Sie soll nicht dafür da sein, uns eine andere Identität zu verschaffen und zu geben. In den ersten Kinderjahren registrieren die Kinder alles, was die Eltern und Geschwister tun, und speichern alle Informationen ab. Eine Bewertung ist für diese Geschöpfe zu diesem Zeitpunkt noch nicht möglich.

Insofern sollten wir alles dafür tun, damit die Kinder ihre eigene Kindheit erleben können. Wir dürfen ihnen diese für das Leben wichtige Erfahrung wirklich nicht vorenthalten.

Achtsamkeit dem Kind gegenüber ist eine hohe Verpflichtung und erfordert die ständige Konzentration. Manche Eltern sprechen mit ihren Kindern darüber, wenn sie sich schlecht fühlen, wenn sie ängstlich oder gar unglücklich sind. Für die Kinder ist diese Botschaft schmerzhaft und diese Erfahrungen brennen sich tief im Unterbewusstsein ein und hinterlassen deutliche Spuren.

Es liegt also klar auf der Hand, dass negative und positive Erlebnisse ihre Spuren immer hinterlassen. Der größte Wunsch der Kinder ist es, geliebt zu werden und den Eltern zu gefallen. Im ersten Jahr nach der Geburt sieht das Kind an den Augen und an der Gestik der Mutter, ob sie ihre Liebe ausgiebig zeigt. Das Kind fühlt diese Liebe, obwohl es zunächst noch nicht erkennen kann, ob es der Mutter gut oder schlecht geht.

Der Grundstein für ein ausgeglichenes und damit schöpferisches Kind wird eindeutig in den ersten Lebensjahren gelegt. Hier entscheidet sich, wie das Abenteuer Leben in der Zukunft gestaltet wird. Spielerische, kreative und motivierende Elemente stärken die Eigenmotivation der Kinder und schaffen eine hervorragende Voraussetzung für die spannende Lebensreise.

Wenn beide Gehirnhälften synchron zusammenarbeiten, dann sind Körper und Geist in Harmonie. Unser Handeln steht dann in voller Übereinstimmung mit unseren Gefühlen. Wir sprechen in diesem Zusammenhang von dem Gesetz der Medialität. Wir vergessen alles um uns herum und sind mit uns selbst im Einklang. Wir sind im Flow.

Besonders bei Kindern in den frühen Lebensjahren können wir diesen erfüllenden Zustand beobachten. Sie tun einfach nur das, wozu sie Lust haben, und folgen ihrer Intuition, sie spielen wie, wo und wann sie wollen. In diesem Zustand vergessen sie Zeit und Raum und genießen das einzigartige Gefühl des glücklichen Daseins.

Spätestens mit dem Eintritt in die klassische Schule wird diese Freiheit unterbrochen. Jetzt lernen diese Kinder ihre Regeln. Die Uhr als Zeitmesser gibt die Regeln vor und das bedeutet früh aufstehen oder pünktlich frühstücken oder punktgenau das Haus verlassen und dann ohne Verspätung in der Schule ankommen. Dann geht es weiter mit disziplinarischen Vorgaben. Sie müssen stundenlang ruhig auf einem Stuhl sitzen und zudem noch Wissen konsumieren, was uns nicht wirklich weiterbringt. Getreu dem Motto, »es war schon immer so« bewegen wir uns jahrelang Durch diese Mühle. Die antrainierten Überzeugungen werden nun verinnerlicht und unser Handeln orientiert sich an diesen Gesetzmäßigkeiten.

Wenn du sagst, das kann ich nicht, das lerne ich nie usw., dann ist die Wahrscheinlichkeit sehr groß, dass sich das auch erfüllen wird, denn die selbsterfüllende Prophezeiung ist ein sehr wirksames Biest! Um es positiv zu formulieren, ein wahres Genie. Die bessere Alternative ist, die eigenen Grenzen langsam aufzulösen.

Mach den ersten Schritt und überlege! »Was konkret wirst du jetzt tun?« Nicht verschieben, sondern beginne jetzt. Es gibt so viele Vorlagen, wie du nahezu alles erreichen kannst. Nutze sie und vertraue dir. Schon kleine Schritte begleiten deine Vorhaben und geben dir Zuversicht.

Streiche Zuerst das Wort »müssen« aus deinem Wortschatz und damit aus deinem Leben. Mach es dir zur Gewohnheit, dieses Wort »ich muss« durch »ich kann« oder »ich darf« zu ersetzen.

Wenn du »musst« sagst, schlüpfst du in die Opferrolle, wenn du »ich kann« sagst, hast du die Wahl. Du kannst Verantwortung übernehmen! Du darfst die Entscheidung treffen, die dich mit

Freude erfüllt.

Sei also öfter dankbar dafür, dass du Dinge tun darfst, sei es dein Hobby, dein Beruf oder was immer dir einfällt. Kranke Menschen oder Menschen, die sehr in der Bewegung eingeschränkt sind, können die Freiheit nicht so nutzen! Werde dir dessen vollkommen bewusst und nutze die Chance der möglichen Veränderung.

Lass dich nicht von Ärger beeinflussen, sondern wähle die Dankbarkeit, denn es geht dir besser dabei. Ärger macht alles nur noch ärger.

Übung:

Finde heraus, welchen Anteil das Wort »muss« in deinem Wortschatz hat. Versuche zu schätzen, wie oft du täglich das Wort »muss« sagt oder denkst!

Antwort: _______

Dieses Wort beeinflusst unsere Psyche und damit schränkst du deine Freiheit ein. Du gibst die Verantwortung ab. Ja, so ist es und nicht anders!

Schreibe jetzt einmal auf, welche »Muss-Sätze« du benutzt. Nimm dir etwas Zeit und lass einen typischen Tagesablauf vor deinen Augen durchlaufen.

____

____

____

____

____

____

Wenn du mindestens fünf typische »Muss-Formulierungen« aufgeschrieben hast, machst du den nächsten Schritt:

Formuliere jeden Satz neu und zwar mit dankbaren Worten. Ersetze das Wort muss durch »ich kann« oder »ich darf«.

Auch hier lass dir genügend Zeit und fühle, welche Wirkung diese kleine Veränderung hat. Wenn du möchtest, benutze einen Textmarker und verstärke die positiven Redewendungen.

Und jetzt finde einen Platz für diese Übung, damit du jederzeit Zugriff hast, vielleicht auf deinem Visionsboard oder in deinem Glückstagebuch. Manifestiere diesen kleinen Zaubertrick.

Merke: Menschen, die das Wort »ich muss« in ihrem Sprachschatz verankert haben, fühlen sich nicht frei. Menschen, die »ich kann« oder »ich darf« als Formulierung wählen, fühlen sich frei, denn sie strahlen Dankbarkeit aus. Beobachte die Menschen und nutze diese Erkenntnis.

Mach dir diese großartige Fähigkeit zu Eigen und erschaffe ein weiteres Modul für deine erfolgreiche Lebensreise.

Das Wort »muss« prägt unser Leben, wir müssen, obwohl wir gar nicht wollen. Das ist die Ursache für ein fremdbestimmtes Leben, in das wir hineingepresst werden. »Der Spaß und das Spiel haben jetzt ein Ende, jetzt beginnt der Ernst des Lebens.« Dieser Spruch und viele weitere Redewendungen sind vielen Menschen bestens in Erinnerung geblieben und haben auch heute selbst bei erwachsenen Menschen immer noch eine zentrale Bedeutung. Die Wurzeln dieses Übels liegen häufig in der Kindheit.

Hier liegen aber die Gründe für das frühe Ende der Harmonie. Es entsteht ein Ungleichgewicht zwischen Körper und Geist und damit zwischen der rechten und linken Gehirnhälfte. Das Leben ist nicht mehr im Fluss und es kommt zu energetischen Blockaden. Die Energiefelder sind nicht mehr in Balance und wir handeln nicht mehr nach unseren Gefühlen. Das Zeitalter des analytischen

Denkens hält Einzug und breitet sich im Privatleben, Berufsleben und auch in der Schule aus. Der Verstand bestimmt überwiegend das Gefühl. Die Medialität bei Kindern ist eine hervorragende Kraftquelle. Die Geschwindigkeit der Gehirnwellen spielt eine besondere Rolle. Diese Gehirnwellen produzieren verschiedene Frequenzen und haben gravierende Auswirkungen auf unser Wohlbefinden.

Der deutsche Arzt Dr. Hans Berger hat 1924 bahnbrechende Erkenntnisse veröffentlicht. Er teilte die Geschwindigkeit der elektrischen Gehirnwellen mit den verschiedenen Frequenzen in vier Gruppen auf.

GEHIRNWELLEN

Beta-Wellen

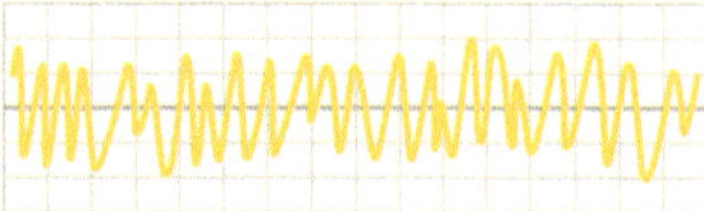

14 bis 30 Hertz
Tagesbewusstsein-Anstrengung

Theta-Wellen

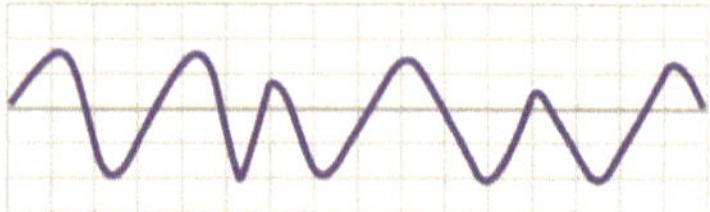

4 bis 7 Hertz
Entspannung bei vollem Bewusstsein. In dieser Phase haben wir direkten Einfluss auf unser Unterbewusstsein

Alpha-Wellen

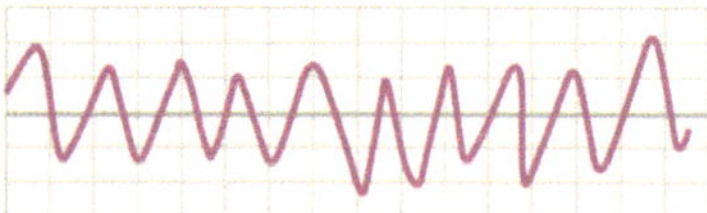

7 bis 14 Hertz
Schlaf

Delta-Wellen

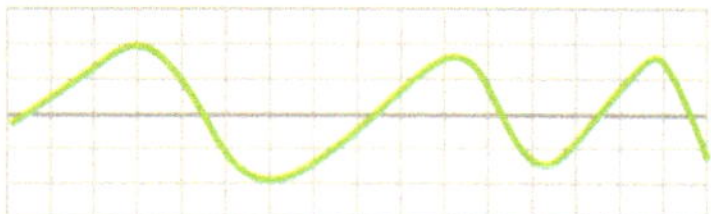

Bis 4 Hertz
Tiefer Schlaf

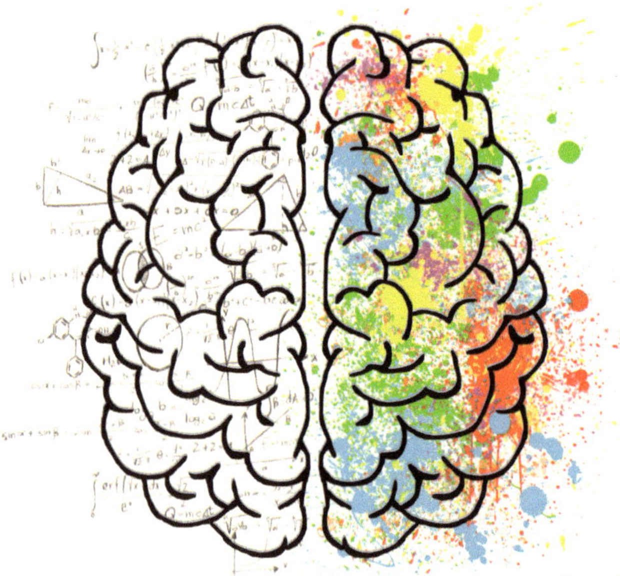

Konrad Klar

1. Die sehr schnellen Beta-Wellen bestimmen unseren Alltag und kennzeichnen unser typisches Tagesbewusstsein. Wir haben mehrere Milliarden von individuellen Zellen. Diese feuern oder entladen sich elektrisch in einer bestimmten Frequenz. Während unserer Alltagsbeschäftigung umfassen die schnellsten Gehirnwellen einen Frequenzbereich von 14 Zyklen pro Sekunde (= 14 Herz) bis 30 Herz.
2. Die schnellen Alphawellen bestimmen den entspannten Zustand. Wenn wir die Augen schließen und eher passiv sind, erreichen wir einen schlafähnlichen Zustand und fühlen uns ruhig und sehr gelassen. In diesem Frequenzbereich sind wir sehr kreativ, haben keinen Stress und sind extrem aufnahmefähig. In dieser Phase zwischen 7 und 14 Herz nehmen wir neue Informationen sehr leicht auf. Das Bewusstsein ist zwar voll da, aber nicht so aktiv.
3. Die langsamen Theta-Wellen verantworten den Zustand der tiefen Entspannung. Bei einem Frequenzbereich von 4 bis 7 Herz befinden wir uns an der Grenze zwischen wach sein und schlafen. Ruhe und Entspannung wandeln sich in den traumartigen Schlafzustand um. Die langsamen und sehr kraftvollen Theta-Wellen öffnen den Zugang zu unserem Unterbewusstsein. In dieser Phase haben wir direkten Einfluss zu verborgenem Wissen und sind sehr kreativ. Wir sind in einem Entspannungszustand, aber mit unserem vollen Bewusstsein.
   Beispielsweise kommt es bei diesem Ruhezustand häufig zu lebhaften Erinnerungen von längst vergessenen Kindheitserlebnissen. Hierfür ist die extreme Ruhe des Körpers, der Gedanken und Gefühle verantwortlich. Die Lerneffizienz ist in dieser Frequenzebene noch mal deutlich höher als in der Alphaphase. In diesem Bereich ist das »Superlearning« angesiedelt. Besonders beim Erlernen von neuen Sprachen werden hier überragende Erfolge erzielt. Das Gehirn von Kindern produziert primär langsame Theta-Wellen, da diese aus ihrem

Gefühl heraus leben und über ein großes Vorstellungsvermögen verfügen.

4. Die sehr langsamen Delta-Wellen bestimmen den Zeitraum des Schlafens. Sie liegen in dem Bereich unter 4 Herz und treten primär in der Tiefschlafphase auf. In diesem Zustand funktioniert Heilung und Regeneration ziemlich gut.

Wenn wir uns das Wissen dieser genialen Erkenntnis zu Nutze machen, haben wir ein Instrument, mit dem wir unsere Kraftquelle jederzeit wirksam einsetzen können.

Es liegt in deiner Macht, wo du gedanklich, emotional und aktiv sein willst. Deine Aufmerksamkeit und deine Konsequenz bestimmen deinen Lebensweg. Also öffne das Tor zur Neuorientierung. Wir leben unser Leben zwar auf der Basis dessen, was wir glauben und was unsere Überzeugungen sind, aber diese kommen aus den Überzeugungen, die uns die Geschichte, unsere Kultur, die Familie, unsere Eltern und unser Umfeld uns erzählt und beigebracht haben. Das ist soweit auch in Ordnung, aber wir dürfen hinterfragen, ob das für uns auch heute noch so ok ist.

Was ist denn, wenn diese »Lehrer« sich geirrt haben? Glaubst du daran, dass es in dir eine tiefe Kraft gibt, die du aus dir herausholen solltest? Willst du sie wachrütteln? Verwendest du sie schon?

Wenn du mehrmals »Ja« sagst, dann greife auf dein Energiepotenzial und damit auf dein Energiefeld zurück. Alles ist möglich.

»Freude und brillante neue Entdeckungen gehen Hand in Hand.« Diese Formulierung stammt von Albert Einstein. Er ignorierte Lehrbücher und war einer der größten Befürworter von Kreativität. Von vorgegebenen Strukturen ließ er sich nicht ablenken. Seine Kreativität war kraftvoll, visuell und verspielt.

Es gilt als absolut sicher, dass mit Spaß die besten Ergebnisse erreicht werden! Auch hier gibt es zahlreiche Beispiele aus unserer Kindheit, die dies eindrucksvoll belegen. Versuche doch mal spontan durch den Rückblick in deine Kinder- und Jugendzeit drei Beispiele zu finden und schreibe sie auf! An welche spielerischen

Erlebnisse erinnerst du dich? Schreibe sie jetzt auf. Nimm dir die Zeit dafür und lass die Bilder vor deinem geistigen Auge entstehen.

Wie hast du dich in dieser Situation gefühlt? Genieße den Rückblick, beschreibe die Momente so ausführlich wie nur möglich und nutze die Kraft dieser energiegeladenen Erlebnisse.

Und jetzt? Welche Erkenntnis liegt in der Betrachtung dieser Erfahrung?

Lass dir dein Denken nicht vernebeln und lass dich nicht vor irgendeinen Karren spannen. Sei bereit, das Beste zu geben. Liebe das, was du tust. Erfülle dir den Traum, dass du wählen kannst, was du wirklich möchtest.

Wünsche sind Schritte zum Glück

»Es gibt keinen Weg zum Glück, Glücklich sein ist der Weg.«
(Buddha)

Sei kein Sklave deiner Vergangenheit und tauche tief in deinen inneren Ozean ein, tanke und sauge neue Kraft auf und dann schreibe deine Lebensgeschichte neu! Vernunft war gestern, dein eigenes Leben ist heute. Mit kleinen Dingen kannst du Großes bewirken. Beginne jetzt!

Bevor du jetzt diesen Weg gehst, solltest du dich erst einmal in einen erfüllenden Entspannungszustand bringen, um alle Schleusen auf mentaler Ebene zu öffnen. So ist die Wirksamkeit viel schneller erreichbar!

Die Entspannungsminuten

Hinweis: Bitte nimm diese Meditation mit einem Tonträger auf und höre dann ganz entspannt in ruhiger Atmosphäre deine eigene Meditationssequenz.

Setze dich oder lege dich an einen ruhigen ungestörten Platz und mache es dir ganz bequem.

Freue dich auf diese kurze Meditation und lass einfach los, einfach loslassen.

Atme nun ganz tief durch die Nase ein und beim Ausatmen durch den Mund lässt du alles los und sinkst tief in dich hinein.

Wiederhole diesen Vorgang einige Male.

Mit jedem tiefen Atemzug sinkst du tiefer in deine eigene Mitte. Lass beim Ausatmen los, was nicht mehr zu dir gehört und lass es durch die Beine in den Boden, in die Erde fließen. Lass die Gedanken einfach gehen, greife sie nicht auf und lasse sie wie die Wolken am blauen Himmel vorbeiziehen. Während die Gedanken so seltener werden, breitet sich eine ungeahnte und völlige Klarheit des Bewusstseins in dir aus.

Beobachte, wie du bei jedem Ausatmen tiefer und tiefer in diese Klarheit deines eigentlichen Seins sinkst. Dabei wird dein Bewusstsein immer klarer und auch weiter. In der Tiefe deines Seins erlebst du dich als Mittelpunkt deines Seins.

Deine Mitte, in der du ruhst, ist das Zentrum des Universums. Du schaust in dein bisheriges Leben zurück und du erinnerst dich an die Momente, wo du den Wunsch gespürt hast, dein Leben zu verändern. Dir wird bewusst, dass du dieses Buch ausgewählt hast, um hieraus die entscheidenden Impulse zu bekommen. Du erkennst deine klare Absicht und du willst die Schritte in eine Welt der Lebensfreude gehen.

Du machst dir bewusst, was du schon beim Lesen der ersten Seiten erkannt hast. Du machst dir bewusst, was bereits geschehen ist und du spürst schon kleine Veränderungen.

Du bist schon anders, bist schon mehr du selbst, nämlich der, der du wirklich bist. Du erlebst die Erfüllung im Alltag.

Als der, der du jetzt bist, gehst du nun einige Schritte in die Zukunft, erlebe, wie dein Leben jetzt aussieht, mache dir bewusst, was anders ist, wie du dich in der neuen Situation fühlst, wie du damit umgehst, spüre deine Freude darüber, dass es so ist, erlebe und genieße, wie wohl du dich damit fühlst.

Erkenne auch, dass du jetzt noch die Möglichkeit hast, etwas zu ändern, zu ergänzen, zu optimieren, solange bis es ganz rund ist und wirklich alles »stimmt«.

Mit Dankbarkeit kannst du jetzt hinausgehen, um es zu erleben.

Bedanke dich beim Leben, dass du diese Chance bekommen

hast. Bedanke dich beim Leben, dass du diese Anregungen bekommen hast. Mache dir bewusst; du stehst am Beginn deines neuen Weges, du stehst vor dem ersten Schritt und deine tief im Herzen gewünschte Veränderung beginnt jetzt, genau in diesem Augenblick.

Du siehst, in welchem Bewusstsein du deinen Weg gehst, wie du deinen Platz einnimmst als der neue Mensch, der du jetzt bist, in welchem Bewusstsein du deine Aufgabe erfüllst, wie du in Kontakt mit deinem wahren Sein tust, was zu tun ist.

Wenn du wieder bereit bist, öffne deine Augen, strecke Arme und Beine und du bist wieder ganz im Hier und Jetzt. Herzlich Willkommen. Vor allem bist du ganz der, der du wirklich bist und als der tust du jetzt bewusst den ersten Schritt in dein neues Leben.

Stell dir nun mal vor, du hast drei Wünsche frei, was fällt dir da ein? Gehe noch einmal zunächst zwei Minuten in die Entspannung, atme bewusst tief ein und aus, zähle jeweils beim Einatmen bis fünf und beim Ausatmen rückwärts. Dann schreibe deine drei Wünsche auf. Ein kleiner Tipp dazu: Mindestens einen Wunsch solltest du dir ganz alleine selbst erfüllen können! Und gönne dir ein bisschen verrückt zu sein! Schreibe jetzt auf und lies danach erst weiter. Lass dir Zeit bei dieser Übung.

1.____
2.____
3.____

Kann es sein, dass du beim Schreiben deiner Wünsche eine Art von Glück, Vorfreude und Stimmigkeit in deinem Körper gefühlt hast? Wenn das so ist, dann bist du schon einen entscheidenden Schritt weiter als mindestens 98 Prozent der Menschen.

Du lernst gerade eine der wichtigsten Lektionen deines Lebens, genau genommen ist sie dir gar nicht unbekannt. Vielmehr schlummert sie in dir und will nur geweckt werden.

Sie lautet: »Glücklich zu sein ist eine Entscheidung, die nur ich treffe!« Ja, genau so ist es und es ist sogar leicht. Auch hier hilft dir die ständige Anwendung!

Wenn du ab jetzt bereit bist, dich diesen neuen Vorstellungen zu öffnen, indem du deine Gedanken genauer unter die Lupe nimmst, wird deine Lebensfreude faszinierende Dimensionen erfahren.

Grundsätzlich zielen unsere Gedanken überwiegend darauf ab, andere und mich selbst anzugreifen. Wann immer du dich dabei erwischst, dass deine Gedanken in den Angriffsmodus wechseln, halt kurz inne und dann sag laut zu dir selbst: »Glücklich sein ist eine Entscheidung, die ich alleine treffe!«

Konsequent angewendet wirst du eine dauerhafte Veränderung herbeiführen. Diese Übung wird sicher dazu beitragen, dass dein Innenleben immer reicher und erfüllender wird. Blockaden und Angstgefühle werden dadurch kontinuierlich gelöst werden. Mach es, es lohnt sich!

»Glücklich sein ist eine Entscheidung,
die ich alleine treffe!«

dein Name

Drucke dir genügend von diesen Kärtchen und positioniere diese an jede von dir gewünschte Stelle! Es ist sehr wirksam, wenn du immer einige von diesen Motivationskärtchen bei dir trägst. Natürlich sind diese Kärtchen auch als Geschenk geeignet. Lass also deinen Gedanken freien Lauf!

Angst oder Glück? Du hast die Wahl!

»Ob man sein Leben lachend oder weinend verbringt – es ist die gleiche Zeit!« (jap. Sprichwort)

Es ist schon seltsam, dass wir Menschen uns oft für Angst anstatt für Glück entscheiden. Warum ist das so? Wovor haben die Menschen eigentlich Angst? Wovor hast du Angst?

Viele Menschen entwickeln das Gefühl, dass das Leben nicht immer gut sein wird. Sicher ist dieses Denken ein Ergebnis der letzten Jahrzehnte. Wir glauben, dass der Wohlstand nicht von Dauer sein kann, dass unser Berufsziel und damit unsere Wunschposition nur schwer erreicht werden kann und wir dadurch die Achtung in der Gesellschaft nicht bekommen. Gedanken an die Zukunft begrenzen uns und lassen Sorgen aufkeimen. Mindestens jeder zweite Bundesbürger schaut mit Sorgen in die Zukunft.

So erleben die meisten von uns die Welt als einen Ort, an dem Angst, Schuldzuweisung, Unfrieden und Leid vorherrschen. Wir wollen diesen Zustand etwas näher betrachten und analysieren.

Aufgabe:

Entspanne dich nun, öffne dich und lass deine Ängste aufsteigen. Jede Emotion bekommt die Erlaubnis aufzutauchen. (Nutze hierzu eine Atemübung im Anhang.)

Notiere jetzt deine zehn größten Ängste!

1.____
2.____
3.____
4.____
5.____
6.____
7.____
8.____
9.____
10._______________________________________

Nun werde dir bewusst klar darüber, wie sehr diese Ängste dein bisheriges Leben beeinflusst haben. Du kannst für diese Aufgabe ein zusätzliches Blatt Papier zur ausführlichen Betrachtung nutzen oder schreibe einfach alles in dein Notizbuch. Neben jede Angstempfindung schreibe ehrlich auf, warum du an diese Ängste glaubst und warum du diese Angst als wirklich empfindest. Ist diese Angst wirklich berechtigt? Woher kommen diese Angst und diese Sorgen? Vielleicht fällt dir auch auf, dass einige Punkte sich sogar auf die Zukunft beziehen und noch gar nicht eingetreten sind. Möglich ist auch, dass du erkennst, dass sich diese Wahrnehmung nur auf deine Erfahrungen aus früheren Zeiten stützt.

Wenn du jetzt mal an deine Kinder- und Jugendzeit zurückdenkst, erkennst du sicher, dass du schon früh mit dem Thema Angst konfrontiert wurdest. Zuerst hast du das Wort Angst gar nicht so richtig verstanden, aber mit der Zeit wurde dir die Bedeutung sehr klar und irgendwann hast du es auch entsprechend zugeordnet. Richtig?

»Du brauchst doch keine Angst zu haben!«

»Wieso hast du denn Angst? Ich bin doch da.«

»Wenn du nicht hören willst, dann gehst du in dein Zimmer.«

Also wenn diese Strafe ausgesprochen wird, taucht die Angst auf. Das sind Mechanismen, die sich einprägen bei der Entwicklung unserer Kinder und sie sind wohl heute noch existent. Wir lernen leider, dass wir Angst haben, wenn wir Fehler machen! Die Eltern könnten aber auch eine andere Reaktion zeigen, beispielsweise: »Mein Schatz, interessant was du da machst, wie kommst du auf diese Idee?«

Es sind also zahlreiche Formulierungen, die uns schon ab den ersten Lebensjahren auf unsere Festplatte geschrieben werden. Die Gewohnheit ist dafür verantwortlich, dass wir es so gelernt haben und wir auch so denken.

Viele Menschen haben schon jahrzehntelang Ängste, aber was hat es letztlich gebracht? Was haben wir davon gehabt? Ganz ehrlich, was fühlst du bei diesen Fragen? Glücklicherweise können wir den lösungsorientierten Umgestaltungsprozess zu jeder Zeit veranlassen.

Vielleicht hat diese Übung bei dir beklemmende Gefühle ausgelöst. Aber beruhige dich, denn es ist eine logische Reaktion, denn dieser Zustand hat in der Vergangenheit schon oft Chaos mit deinen Gefühlen veranstaltet.

Akzeptiere diese Wahrnehmung und öffne dich nun für die zukünftige Wahrnehmung von Frieden, Zuversicht und der allumfassenden Liebe. Löse deine Ängste auf und verabschiede dich von ihnen. Stelle dir vor, du setzt jede einzelne Sorge und Angstsituation auf eine Wolke und dann lässt du diese Wolke einfach wegziehen. Verabschiede dich mit dankbarer Gelassenheit! Schließe einen Vertrag mit dir und vertraue dir selbst, unterstütze dich selbst, mach dir Komplimente und hebe dich auf dein eigenes Glückspodest. Du wirst fühlen und sehen, dass es fast eine spirituelle Erfahrung ist, die dich mit einem wohligen und farbigen Gefühl überzieht. Kennst du die tiefe, berührende und auch glückliche Gefühlswelt, wenn du einen Sonnenuntergang oder einen intensiven Regenbogen betrachtest? Traumhaft, oder?

Eliminiere ab jetzt deine Sorgen, denn sie übernehmen die Macht über deine Gedanken und damit über dein Leben. Beobachte ab jetzt die aufkommenden Sorgen und Ängste aus einer neutralen Position und stell dir vor du sitzt im Kino und auf der Leinwand laufen die Sorgen vor deinen Augen nacheinander ab. Sobald diese dich anfangen zu fesseln, mache einen Gedankenstopp und schaue einfach ohne jegliche Ablenkung auf deine Nasenspitze, solange bis du wieder frei bist. Wiederhole diese Übung immer wieder, bis du sie total verinnerlicht hast. Sie bewirkt wahre Wunder. Los, mach diese Übung! Wiederhole sie einige Male. Schreibe diese Übung in dein persönliches Buch! Es ist so einfach!

Verstärke nun dein Vorhaben! Wenn du diese Zeremonie gründlich erledigt hast und du das Aufgabenpapier der Ängste fertig gestellt hast, verbrenne deine Sorgen, die auf dem Blatt Papier stehen und wirf sie in den Mülleimer oder in ein fließendes Gewässer! Es ist enorm wichtig, dass du diese Zeremonie gründlich erledigst. Nimm dir genügend Zeit dafür, denn es ist ein weiterer Schritt in deine Freiheit.

Befreie dich von den Einschränkungen, verabschiede dich davon und werde endlich frei! Dein wunderbares Leben braucht keine Angst.

Es gelingt dir sicher und dann hast du einen Grund zum Feiern. Los, erledige diese wichtige Aufgabe! So bist du beim nächsten Angstangriff optimal vorbereitet und wieder hast du einen starken Saboteur aus deinem Leben geworfen. Gratulation! Wow! Es funktioniert mit einfachen Techniken. Du entscheidest, ob du Opfer oder Gestalter bist. Zapfe deine Energiequelle immer wieder an und lass sie immer reichhaltiger werden. Mit dieser ganzen Kraft lenkst du die Aufmerksamkeit auf das Richtige. Denk immer daran: »Du bist das Beste, was dir passieren kann.« In dir liegt ein unvergleichbares Kraftwerk!

Der wichtigste Mensch in deinem Leben bist du selbst, mit ihm verbringst du jede Sekunde deines Lebens. Sorge dafür, dass es dir gut geht!

Wenn du möchtest, verstärke deine Veränderung mit einer zusätzlichen Variante.

Erstelle eine Liste von den Schlagern/Klassikern/Blues oder wahlweise auch von instrumentaler und entspannender Musik, die dir richtig gut tun, wo du Begeisterung, Lebensfreude und dein inneres Feuer spürst. Es kann jede Richtung von Musik und Songs sein, situativ kannst du die Klänge abrufen, die dich in Freude und Fantasie versetzen. Auf geht's zu deiner persönlichen Musik- und Wohlfühlbox. Beginne jetzt! Welche Lieder, welche Musik fällt dir ein? Welche Klänge lassen dich schweben? Welche Lieder machen dich glücklich?

- ______________________________
- ______________________________
- ______________________________
- ______________________________
- ______________________________
- ______________________________
- ______________________________

Mit dieser Möglichkeit kannst du dich immer wieder auf einen gefühlvollen Glückslevel heben. Musik dient als Stimmungsmacher oder auch als Beruhigungsvariante und Sie wirkt auf bestimmte Regionen in unserem Gehirn, die mit Emotionen verbunden sind. Musik aktiviert das Belohnungszentrum im Gehirn und das führt eben dazu, dass wir fröhlich sind und auch gute Laune haben.

Wir können bei Konzerten sehr deutlich erkennen, dass die Menschen sich in einem total glücklichen und damit zufriedenen Zustand befinden.

Wenn du die Sehnsucht danach spürst, drücke diesen Start- und Resetknopf und fühle die aufkommende Euphorie.

Ausdauer, Vertrauen und Energie – die wahren Powermächte

»Im Laufe des Lebens erschafft man sich sein eigenes Universum!« (Winston Churchill, 1874-1965)

Die entscheidende Botschaft für dich lautet »Gib niemals auf!«

In meinem Leben wurde ich immer wieder mit neuen Hürden konfrontiert. Bereits in der Kinder- und Jugendzeit geriet ich häufig in aussichtslos erscheinende Situationen. Damals war ich der Meinung, dass Glück kommen wird, aber wann, das war mir natürlich nicht bekannt. Der Tod meines Vaters war geradezu das Gegenteil von Glück. Es fühlte sich alles so ungerecht an. Warum gerade ich? Mein Leben schien total zerbrechlich, wertlos und nicht zukunftsfähig. Ich kam mir vor wie in einer dunklen Sackgasse, verloren und ohne Lebenschance. In der Schule konnte ich keine klaren Gedanken mehr fassen und taumelte so vor mich hin.

Da ich also schon kein Glück hatte, fasste ich den Entschluss, mit Arbeit den Grundstein für ein zufriedenes Leben zu legen. Ich wollte Geld verdienen, verließ das Gymnasium und begann eine Ausbildung. Doch nach vier Wochen war dieses Thema dann auch erledigt, erstens machte es mir keinen Spaß und zweitens glaubte ich auch nicht an die Zukunftsaussichten in diesem Sektor. Zudem redete mein ältester Bruder immer wieder auf mich ein, dass ich zurück auf das Gymnasium gehen sollte und die allgemeine Hochschulreife anstreben soll. Gesagt, getan, mein studierter Bruder mit reichlich Lebenserfahrung schaffte es, dass ich mein Ausbildungsverhältnis kündigte. Meine Mutter schüttelte natürlich auch den Kopf, aber das sollte noch öfter geschehen. Es hagelte dann auch reichlich Kritik und großes Unverständnis für meine Entscheidung.

Da mein Chef auch mein Vetter war, bekam ich eine Standpauke mit allem, was ich mir so nicht vorgestellt und gewünscht hätte. Er faltete mich so zusammen, dass ich bildlich wohl in einem Schuhkarton gepasst hätte. Ich war frustriert und er attestierte mir, dass ich beruflich nichts erreichen würde. Du gibst zu früh auf und ich habe mich auf dich verlassen, waren seine Worte. Sätze, die ich bis heute nicht vergessen habe. War ich ein Versager, frage ich mich?

Natürlich konnte ich seine Reaktion verstehen, denn er hatte doch mit mir geplant, aber ich zog es durch und blieb bei meiner Entscheidung. Ich vertraute meinem Gefühl und der Leiter des Gymnasiums nahm mich wieder auf, ich setzte die schulische Laufbahn wieder fort. An dieser Stelle will ich dich ermuntern und dazu bewegen, dass du grundsätzlich das tun solltest, was dich glücklich macht, und dann verbringe damit so viel Zeit wie möglich. Mit dieser Haltung baust du dir erhebliche Kraftreserven auf. Andere nicht so tolle Erlebnisse kommen sowieso in deinem Leben und fordern dich heraus. Das Leben spielt sich immer zwischen zwei Polen ab, Plus und Minus, Tag und Nacht, und so weiter.

Sei ehrlich zu dir selbst und treffe Entscheidungen, ob sie falsch oder richtig für dich sind, weißt du sowieso erst später.

Wenn dir dein Beruf keinen Spaß macht, also mehr Frust als Lust bereitet, dann solltest du handeln.

Stell dir die Frage: »Würdest du deinen Job auch machen, wenn du kein Geld dafür bekommen würdest?« Deine innere Stimme gibt dir ein Signal, fühlt es sich leicht oder eher schwer an?

Worauf wartest du? Sei mutig! Ich selbst habe diese Art von Entscheidung oft im Leben getroffen.

Natürlich ging es bei mir auch bergauf und auch bergab, aber das

Abitur hatte ich im Visier und schaffte es auch!

Kurz vor dem Abitur bekam ich beim Fußballspiel mein Schien- und Wadenbein durchgetreten und so fehlte ich bei den ersten vorbereitenden schriftlichen Arbeiten. Schon wieder kein Glück und dann kam auch noch Pech dazu! Allerdings war aufgeben für mich nie eine Option. Ich hatte den festen Glauben daran, dass ich es schaffen würde, und darauf richtete ich meinen Fokus aus!

Denn wer den Mut verliert und dann auch noch aufgibt, macht das Tor zur Niederlage auf! Das damit verbundene Resultat ist, dass du bei ähnlichen Situationen immer wieder die gleiche Reaktion zeigen und damit in deinem bisherigen Schicksal verharren wirst. Mit jedem Aufgeben, Resignieren und dem Akzeptieren der Niederlage wird der Ablauf zur Routine und der Käfig, in dem du sitzt, wird nur noch mehr verbarrikadiert!

Damit wird dieses lähmende Verhaltensmuster intensiv manifestiert und die Prophezeiungen werden zur Realität. Bravo!

Mit Besonnenheit, Beharrlichkeit und einer klaren Zielorientierung aktivierst du deine innere Kraft und machst den Weg für deine persönliche Entwicklung frei. Also glaube fest daran und lasse keine anderen Gedanken zu. Mach den Schritt nach vorne! Besiege die inneren Zweifler, denn sie gehören nicht zu deinem Leben. Du alleine kannst es entscheiden und deshalb die ausdrückliche Aufforderung. »Tue es und lass dich nicht ablenken! Folge deiner Sehnsucht!«

Ausdauer und Beharrlichkeit waren in der Menschheitsgeschichte die maßgeblichen Tugenden für Erfolg, herausragende Eigenschaften und Visionen! Visionen sind die Voraussetzung für energiegeladene Menschen. Träume und Ziele inspirieren uns und zeigen auf wirksame Weise, wofür es sich lohnt, das Leben zu leben. Mit dieser Erkenntnis sollten wir unsere Fähigkeiten und Stärken sensibilisieren. Dann werden wir zu dem, was wir denken.

William Shakespeare brachte es mit seiner treffenden Aussage auf den Punkt: »Viel Regen wäscht den Marmor aus!«

Mit diesem Ausspruch bestätigt er eindrucksvoll die Tatsache, dass selbst der härteste Stein sich dem Gesetz der Ausdauer und Beharrlichkeit nicht widersetzen kann!

Das ist es doch, was dich weiterbringt. Ich fordere dich mit aller Konsequenz auf: »Glaube an dich, verzweifle nie und sollte es doch mal so sein, dann mach trotzdem weiter!«

Verinnerliche diesen Glaubenssatz so wie du atmest und du wirst wunderbare Glücksmomente erleben. Du kannst es, wenn du nur daran glaubst! Lass dich von den möglichen geistigen und seelischen Konflikten nicht fesseln und du wirst jede Problemsituation meisterhaft umwandeln.

Wenn du in deinem Inneren aufräumst, werden die vorhandenen Knoten wie eine Seifenblase platzen und die starke innere Kraft wird freigesetzt. Dein Leben fängt an, wie eine Blüte zu strahlen!

Ohne Energie ist keine Ausdauer möglich und ohne Energie gibt es keinc Inspiration. Energie ist das höchste Gut überhaupt und somit die absolute Schöpfungskraft. Sie ist die Basis für unser Sein.

Das Volk der Kahunas von Hawaii, Priester und Heiler in einer Person, hüten schon seit Jahrtausenden die Weisheit, wie unser irdisches Leben anhaltend zu einer freudigen und erfüllenden Erfahrung werden kann.

Dieses Volk stellt uns etwas provokant, aber lächelnd die Frage: »Weißt du schon, wie Leben geht?«

Die Antwort auf diese tief gehende und besondere Frage nehmen diese Menschen aus ihrem uralten, modernen und effizienten Wissen. In kurzer Form fassen sie die Zauberweisheit zusammen. Für sie ist ein klares Bewusstsein und ausreichend Lebensenergie die Voraussetzung, damit wir unsere Ziele erreichen können. Daraus erschaffen wir unsere wahre Wirklichkeit. Das Ergebnis ist Erfolg, Freude, Harmonie, Zufriedenheit, Gesundheit und auch Geld. Was aber ist Energie?

Alles, was wir irgendwie spüren, sehen und fühlen ist Energie. Alle Gefühle sind Energie in Bewegung, ob in uns oder außerhalb von uns. Sie sind der Schlüssel zu deinem unbegrenzten Potenzial.

Ohne Energie gibt es kein Leben. Deshalb gilt seit Urzeiten bei den alten Weisen von Hawaii Energie und Bewusstsein als Alltagskultur. Sie erzeugen grundsätzlich zuerst energetische Fülle und schaffen damit täglich das faszinierende Lebensgefühl und die Emotion, die von Lebensfreude, Zufriedenheit und Erfolg geprägt ist.

Wenn du also lernst, wie du die Energie gezielt einsetzen kannst, also als Lenker und Gestalter, dann weißt du auch, wie Leben geht. Ein einziger Gedanke kann und wird deine Welt verändern. Es ist eine unumstößliche Tatsache, dass alles zuerst einem Gedanken entspringt. Alles was du tust, wurde vorher gedacht. Also, es bleibt dabei, dass du die Freiheit hast, das zu denken, was dir gut tut.

Wenn du achtsam und behutsam dein Ziel vor Augen hast, ist die Grundvoraussetzung in einem sicheren Fundament verankert. Dein Auto lenkst du auch mit entsprechender Vorsicht und Weitsicht. Kaum kämst du auf den Gedanken, das Lenkrad dauerhaft loszulassen und infolgedessen an einen Baum zu knallen, um dann später dem Baum die Schuld zu geben, weil er im Weg war.

So ist es doch auch bei deinem Leben, oder? Gib nicht dem Schicksal oder Zufällen die Schuld, sondern nimm das Steuer wieder in die Hand und zwar jetzt!

Ich kann es wirklich nicht oft genug wiederholen und wünsche mir, dass du die unglaubliche Energie, die in dir liegt, gezielt zum Einsatz bringst.

Deine Kraft ist grenzenlos. Respektiere und wertschätze dich und schenke dir das Selbstvertrauen, was dir von Geburt an zusteht. Du bist einzigartig und einmalig. Beginne mit der Expedition zu deiner inneren Quelle und lege die verschütteten Ressourcen frei!

Schicke das Negative in deinem System auf die Reise und übernimm selbst die Kontrolle. Nein sagen setzt nur negative Energie frei und dieser Kampf bringt keine Früchte.

Konzentriere deine Aufmerksamkeit und deinen Fokus auf die Stimme und den Ruf deines Herzens. Unser Leben ist keine Konstante. Wir können die inneren Kräfte bündeln und mehr Glück und Erfüllung erschaffen.

So entsteht innere Harmonie und damit erfüllt sich ein weiteres geistiges Gesetz, das zur Balance führt. Ein wichtiger Schritt zur Herstellung von Harmonie ist es, dass wir uns so verhalten, dass wir Achtung vor uns selbst haben und uns in unserem Körper, unserem Geist und mit unserer Seele wohlfühlen. Die Schöpfung ist Harmonie und wenn wir bei dem Volk der Kahunas bleiben, erkennen wir die schlüssige Weisheit: »Verletze niemanden! Störe nicht die Harmonie eines anderen, denn der andere bist du selbst.«

Erkenne und lebe dein Potenzial

»Wenn wir unsere Sichtweise von uns selbst ändern – und uns als kreative, ewige Wesen sehen könnten, die eine körperliche Erfahrung machen und auf der Ebene der Existenz, die wir Bewusstsein nennen, miteinander verbunden sind – dann können wir diese Welt, in der wir leben, ganz anders sehen und erschaffen.« (NASA-Astronaut Ed Michell)

Wir kennen die geheimnisvolle Kraft unserer Gedanken und wissen, dass wir sie gezielt einsetzen können. Leider reicht diese Erkenntnis nicht immer aus. Natürlich bestimmen unsere Gedanken unsere Wirklichkeit. Bravo, das hätten wir schon. Entscheidend ist aber für unseren Lebenserfolg, wie wir denken. Was wir denken, reicht alleine nicht aus. Natürlich dürfen unsere Gedanken nicht ständig im Karussell unterwegs sein, sonst verlieren wir jegliche Balance und kämpfen nur noch mit diesen ständigen Einflussimpulsen. Kontrollierte und regelmäßige Gedankenstopps sind unerlässliche Maßnahmen.

Grundsätzlich ist es schon unsere absolute Pflicht, dass wir uns einer kritischen und konstruktiven Selbstprüfung unterziehen. Nur dann ist der Weg zur erfüllenden Selbstverwirklichung möglich. Die Königsdisziplin wäre wohl vom Denker zum Beobachter des Denkers zu werden. Damit könnten wir unser Bewusstsein möglicherweise auf eine andere Ebene transformieren und kämen dem reinen Sein sicher sehr nahe. Einverstanden, nicht ganz einfach zu verstehen, aber dieses komplexe Thema offenbart schon interessante aufschlussreiche Perspektiven. Der oft zitierte Ausspruch,

»willst du wirklich frei sein, höre auf zu denken«, ist zwar provokant, aber er ist ein bedeutender Schlüssel zur wahren mentalen Freiheit des Menschen. Dieses Thema soll an dieser Stelle aber nicht vertieft werden.

Also mutig voran und hin zum Spiegel an der Wand. Gib dir den klaren Auftrag, wenn du vor dem Spiegel stehst. »So mein bester Freund, jetzt heraus mit der Sprache, ich will die Wahrheit über dich wissen!« Diese Übung ist auch eine Erkundung deiner selbst. Deshalb konzentriere dich mit allen deinen Sinnen auf diesen Vorgang.

Mit dieser Vorgehensweise gelingt es oft die inneren Unstimmigkeiten freizulegen und mit großer Wahrscheinlichkeit erlebst du ein Gefühl von Harmonie, Kraft und tiefem Frieden.

Wenn du also jeden Morgen in den Spiegel schaust, triff die Entscheidung, ob du in die Augen des Gewinners siehst oder ob du in die Augen eines Verlierers schaust. So kannst du jeden Tag entscheiden, ob du die Herausforderungen annimmst und dein Leben gestaltest oder ob du stehen bleiben willst und sogar zurücktreibst. Du hast die Energie dafür, ob du ein wunderbares Leben führst oder eher das Gegenteil davon wählst.

Mit dieser richtigen Einstellung kannst du dein Leben genial genießen! Du bist der Entscheider und niemand sonst.

Ich möchte dir gerne noch eine Unterstützung für deine Denkstruktur geben. Nimm den Druck aus deinem Leben, stelle deinen Autopiloten auf Empfang! Lass also los!

Du hattest sicher schon mal einen Wunsch, der nicht erfüllt wurde, richtig? Warum wurde dieser Wunsch nicht erfüllt? Klare Antwort, weil es ein Wunsch war.

Wenn du ein tolles Auto hast und du in deinem traumhaften Sitz bequem Platz nimmst, wünscht du dir dann ein tolles Auto? Natürlich nicht, denn du hast es ja. Was du bereits hast, brauchst du dir nicht zu wünschen. Oder?

Was heißt das denn für dich? Wenn du dir etwas wünschst, sendest du das Signal und die damit verbundene Intention aus: »Ich habe es nicht«. Je stärker der Wunsch, umso zuverlässiger bekommst du das Gegenteil!

Sicher hast du schon die Erfahrung gemacht, dass Ergebnisse oder Situationen, die dir eigentlich völlig egal sind, oft wie von selbst eintreten. Ob du es erreichst oder auch nicht, ist dir völlig gleichgültig.

Du sitzt mit Freunden und Kollegen zusammen und plötzlich ergreift jemand die Initiative, ein Spiel zu spielen. Wie der Zufall es will, kennst du dieses Spiel nicht. Du hast keinen Bock auf das Spiel, willst aber keinem die Laune verderben und deshalb machst du mit. Schnell wird dir das Spiel erklärt, deine Mundwinkel hängen runter und dann gewinnst du trotzdem jedes Spiel. Deine Kollegen sagen, »Glückspilz, Anfängerglück«. Hast du das schon erlebt?

Ab sofort bedeutet das für dich, dass du das Wollen und Müssen aus deinen Wünschen herausnehmen sollst. Du musst aufhören zu müssen! Vielmehr solltest du in einem befreiten Zustand sein, in dem es keinen Zweifel gibt, dass sich der gewünschte Zustand verwirklichen lässt. Stell dir mal das wunderbare Gefühl vor, in diesem Zustand zu sein, wo du das Leben mit Leichtigkeit und Spaß gestaltest. Du wirst es schaffen, wenn du dir vorstellst, dass du es schaffst. Deine Vorstellung kann dich lähmen und sie kann dich beflügeln. Vertraue auf dein eigenes Können und deine Fähigkeiten. Begeistere dich und brenne für dein Selbstbewusstsein. Du bist viel mehr, als du bisher geglaubt hast. Auch in dir schlummert ein Genie, mach es endlich wach!

Ich erzähle immer wieder gerne die Parabel mit dem Adler, der glaubte, er wäre ein Huhn.

Ein abenteuerlustiger Junge kletterte in der Nähe seines elterlichen Bauernhofes in die Berge, wo er einen Adlerhorst entdeckte. Total neugierig stahl er ein Ei aus dem Nest und trug es zwischen die Eier einer Bruthenne.

Kurze Zeit später waren alle Eier ausgebrütet und es schlüpfte ein Adlerjunges zusammen mit den anderen Küken aus. Es wuchs mit den Hühnern auf und es ahnte absolut nichts, dass es anders war als sie.

Der Vogel wurde jedoch immer größer und er spürte zunehmend ungewohnte Regungen in seinem Inneren. Hin und wieder hegte er den Gedanken »Hey, ich bin mehr als ein gewöhnliches Huhn!«

Eines Tages, als ein gewaltiger Adler über den Hühnerhof hinweg flog, spürte er, wie sein Herz wild zu pochen begann. Noch während er den majestätischen Vogel in die Ferne entschwinden sah, überkam ihn die Erkenntnis: »Das bin ich! Meine Bestimmung liegt nicht in diesem Hühnerhof, sondern in der Weite des blauen unendlichen Himmels.« Seine Flügel erbebten in ungeahnter Kraft. Obwohl er noch nie in seinem jungen Leben geflogen war, breiteten sich seine Schwingen nun wie von selbst aus und hoben ihn in die Luft.

Dic ncuc in ihm liegende Kraft trug ihn zu einem nahen gelegenen Hügel. Unendlicher Jubel und Freude erfüllten ihn, als er höher und höher stieg, bis er den höchsten Gipfel eines gewaltigen Berges erreichte. Er hatte in diesem Moment sein ureigenstes großartiges Selbst gefunden.

Manifestiere und bedenke bitte die Tatsache, dass niemand dein Leben so glücklich leben kann wie du selbst. Wenn es dir so wie dem Adler ergeht und du dein wahres Selbst entdeckst, wirst du genau wissen, wo deine Fähigkeiten sind und wie du sie am besten einsetzen kannst. Es könnte also ein großes und spannendes Abenteuer werden, den »Adler« in dir zu entdecken!

Erwarte also viel von dir, entfalte dein Potenzial und drücke damit den Startknopf zur persönlichen Weiterentwicklung. Erkenne wer du wirklich bist. Zweifle nicht, sondern handle, ohne Wenn und Aber!

Kennst du einen vernünftigen Grund, warum du nicht glücklich sein sollst? Natürlich nicht! Also streng dich nicht an, Gründe dagegen zu finden. Beim Glücklich sein gibt es keine negativen Gedanken, es funktioniert einfach nicht, denn die Glücklichmacher Endorphine sorgen für dieses besondere Gefühl des Wohlbefindens, so als würdest du Flügel bekommen und über eine unendliche freie verfügbare Kraft verfügen. Trainiere täglich für dein Glück, sei geduldig und achtsam und leiste keinen Widerstand. Geduld ist echte Liebe! Und zwar zu dir selbst!

Die Buddhisten sagen, »wenn ich auf die Welt komme, bringe ich mein eigenes Leben mit.« Und jetzt? Was machen wir daraus? Wir haben mit der Geburt das Recht und auch die Verpflichtung zugleich, das Beste aus unserem Geschenk des Lebens zu machen! Eine grundlegende Erkenntnis dazu ist, dass du die Mauern deiner bisher gelebten Festung mehr oder weniger selbst hochgezogen hast, und deshalb scheinen sie auch nahezu unüberwindbar zu sein.

Wenn du also nicht hundertprozentig sagen kannst, dass du glücklich mit deinem Leben bist, dann treffe die Entscheidung zur Veränderung. Es ist nie zu spät, denn du kannst deinen Lebenspfad jetzt neu skizzieren und dann gehen!

Verlasse die Vergangenheit, lebe den Augenblick und vergeude keine Zeit an Morgen. Jeder Moment, in dem etwas beginnt, ist der richtige Moment!

Dein erster Schritt:

Finde drei Augenblicke, in denen du dich besonders glücklich und zufrieden gefühlt hast.

1.____
2.____
3.____

In diesen Momenten hast du über viel Energie und Kraft verfügt und dieses inspirierende Gefühl kannst du jederzeit aus deinem vorhandenen Archiv abrufen! Du kannst dir immer den Luxus leisten, das zu tun, was du willst und was zu höchster Zufriedenheit führt. Was hält dich eigentlich davon ab? Richtig! Gar nichts! Deshalb stoße jetzt das Tor in eine neue Dimension auf. Sei anders als 98 Prozent der Menschheit. Träume deine Vision und erlebe sie. Neu denken heißt neue Gedankenwege gehen.

Die Gedanken, die wir uns auswählen, sind die Werkzeuge, mit denen wir die Leinwand unseres Lebens bemalen. Das ist es! Deine neue Bühne steht für dich bereit, werde Regisseur und nicht Zuschauer im Film deines Lebens. Lass dich nicht ablenken.

Wie du dein Leben verbringst, ist allein nur deine Entscheidung. Es liegt in deiner Verantwortung. Love it, change it or leave it!

Die wahre Intelligenz ist dein Herz! Höre darauf!

»Tue immer, was aus Deinem Herzen kommt.« (Osho)

Die Botschaften unseres Herzens sind sehr eindringlich und meistens sehr überzeugend. Unser Herz hat die überragende Fähigkeit in unserem Leben der beste Wegbegleiter überhaupt zu sein. Es ist Ratgeber und auch Entscheidungsträger zugleich. Dieses lebenswichtige Organ ist eine hochintelligente Quelle der Weisheit.

Grundsätzlich gehen alle Gedanken, Wahrnehmungen, Schmerzen und glücklichen Erfahrungen durch unser Herz und hinterlassen dort auch entsprechende Spuren und Wirkungen.

Unser Wissen gibt uns zwar Anregungen und Erklärungen, diese beziehen wir auch oft in unsere Betrachtung und Analyse mit ein. Wir sind jedoch primär davon überzeugt, dass unser Herz die Rolle einer unverzichtbaren Schaltzentrale einnimmt, und wir wissen tatsächlich auch, dass es ohne Herz kein Leben gibt. Dennoch ist diese Erkenntnis nicht ausreichend. Es lohnt sich, den Blick doch intensiver auf dieses Phänomen zu richten.

In unserem Umfeld gibt es zahlreiche Beispiele für plötzliche Gesundheitsstörungen, die oft einen Herzinfarkt vermuten lassen. Alle Symptome deuten auf einen solchen Crash hin. Die üblichen Verdächtigen wie massiver Blutdruckanstieg, Pulsrasen, Stiche in der Brust und Schmerzen im linken Arm bestärken die Prognose.

Gott sei Dank bestätigt sich die Vermutung oft nicht und der Patient hört, dass sein Herz ok ist! Gratulation! Die Medizin hat das Schlimmste revidiert und Entwarnung gegeben.

Allerdings sollte hier die Erkenntnis greifen, dass unser Herz nicht nur der lebenswichtige Muskel, sondern auch der Sitz der Emotionen ist und uns in heiklen Lebenssituationen die Zeichen gibt, dass mit uns etwas nicht stimmt. Wenn beruflicher, familiärer Stress immer wieder auftritt und unser Leben aus den Fugen gerät und uns die Balance fehlt, ist die Erschöpfung ganz nah und die Resultate werden dann auch bei unserem Herzen sichtbar und spürbar.

Ist unser Herz ein wahrer Zauberkünstler? Diese Frage ist mit einem klaren Ja zu beantworten, denn die sensiblen Reaktionen des Herzens bestätigen dies eindrucksvoll. In bestimmten Situationen schlägt unser Herz extrem schnell und macht sogar Herzsprünge. Bestimme Geschehnisse beeinflussen unser Herz und auch umgekehrt. Die vielzitierte Feststellung, das zu tun, was uns unser Herz sagt und auch auf die Stimme des Herzen zu hören, bestätigt diese Tatsache.

Sicher ist unser Herz viel komplexer als bisher angenommen. Wir können davon ausgehen, dass unser Herz unser komplettes menschliches Wesen beeinflusst und damit unsere Emotionen und unsere Gesundheit, sowohl das geistige, das seelische, als auch das körperliche Wohlbefinden.

Unser Herz ist also fast allen Anforderungen gewachsen, ist extrem anpassungsfähig und in der Lage richtungsweisende Akzente zu setzen und lebensentscheidende Signale zu senden.

Die Präzision und Zuverlässigkeit ist mit einem hochentwickelten Computer zu vergleichen und kann wie auf Knopfdruck Informationen höchst qualitativ verarbeiten und damit optimale Lösungen präsentieren. Die Intelligenz des Herzens kann sicher als grenzenlos bezeichnet werden und kommt so einem wahren Wunder sehr nah. Das Herz verursacht die stärkste elektrische und magnetische Energie. Es verändert den Menschen und damit auch die Welt. Die Herzenergie ist hundert Mal stärker als die Gehirnenergie.

Wenn wir also wissen, welche Reaktionen unser Herz in bestimmten Situationen zeigt, können wir doch Vorkehrungen treffen, um diesen entscheidenden Muskel relativ gesund zu halten. Ein ausgeglichener Lebensrhythmus und die Bereitschaft zur menschlichen Balance – geistig und körperlich – garantiert uns besonnenes Verhalten und Beharrlichkeit in jeder Lebenssituation.

Infolgedessen sind Entspannung und Meditation unverzichtbare Möglichkeiten zur Stärkung unseres Herzens. Darüber hinaus gibt es zahlreiche Methoden, um die Ruhe in sich zu finden. Unser Herz ist ein Juwel. Schenke ihm also die volle Aufmerksamkeit, höre und fühle die Impulse und achte auf die Hinweise, damit das Glück eine echte Chance hat.

Kopf, Gehirn und Herz liegen nur circa 50 cm auseinander, aber manchmal könnte man meinen, dass es mehrere Kilometer sind, denn die Verbindung scheint oft nicht zu funktionieren. Gemeinsam sind diese intelligenten Einheiten unschlagbar! Wenn der Verstand in unserem Kopf allerdings die Hauptrolle einnehmen möchte, wird es für unser Herz oftmals eine Bewährungsprobe. Wenn wir jedoch die Herzensbotschaften erkennen und aufnehmen, also Raum und Zeit lassen, und diese gleichzeitig verinnerlichen, können wir sicher sein, dass wir über eine grenzenlose Energie und Kraft verfügen. Mit Leichtigkeit steht uns dann unser volles Potenzial zur Verfügung.

Noch mal! Es ist relativ einfach eine Entscheidung beispielsweise für einen Arbeitsplatzwechsel zu treffen, wenn Herz und Verstand sich einig sind.

Allerdings kommt es häufiger vor, dass sich die beiden nicht einig sind. Der Verstand ist begeistert, aber unser Gefühl sagt, oh, da bin ich sehr skeptisch.

Wer hat denn jetzt die Nase vorn? Zu wem hast du in diesem Fall mehr Vertrauen? Die moderne Gehirnforschung und die Psychologie sind zu dem Entschluss gekommen, dass für gute Entscheidungen unbewusste und gefühlsbezogene Abläufe eine wesentliche Rolle spielen.

In unserem Erfahrungsgedächtnis sind Gefühle, Sinneseindrücke und Körperempfindungen gespeichert, die mit früheren guten und schlechten Erlebnissen in Zusammenhang stehen. Wenn wir auf diese aufkommenden Zeichen hören können, bekommen wir die Impulse und Signale »Ja« oder »Nein«. Manchmal eröffnen sich für uns in einer solchen Phase ganz neue Möglichkeiten.

Es lohnt sich jedenfalls, in unklaren Entscheidungssituationen genau hinzuschauen und die richtigen Fragen zu stellen.

Welche Überzeugung hindert mich, den neuen Beruf anzunehmen? Welche Prägung, welches Verhaltens- und Erinnerungsmuster verbirgt sich hier und stoppt mich? Was könnte schlimmstenfalls passieren, wenn ich »Ja« sage? Welche Gefühle würden mich überfallen?

Die innere Stimme wird auch als Intuition und Bauchgefühl übersetzt und macht sich als Geistesblitz deutlich bemerkbar und ist ein zuverlässiger Kompass. Zu langes Nachdenken ist nicht vorteilhaft. Intuitive Entscheidungen sind oft die besten Entscheidungen, egal, ob im Sport oder auch im Beruf! Wenn wir den Mut haben, Fehler zu machen, dann treffen wir auch schneller die Entscheidung. Vertraue deinem Handeln! Nicht alles auf die Waage legen, sondern mutig das Neue ausprobieren, denn du wirst immer in diesen Situationen wachsen.

Also verändere das, was du verändern kannst, und akzeptiere das, was du nicht verändern kannst. Nicht mehr und nicht weniger! Lerne die Sprache deines Herzens und du bist in der Lage, deine Realität zu erschaffen.

Vertraue DIR und deinen Fähigkeiten

»Sei du selbst! Jeder andere ist bereits vergeben.« (Oscar Wilde)

Die Welt steht auf dem Kopf, die weltpolitischen Ereignisse überschlagen sich, das Vertrauen an die verantwortlichen Macher schwindet und die Menschen haben Angst vor der Zukunft. Alle Bevölkerungsschichten sind unsicher und erwarten eine dramatische Entwicklung, die es in dieser Form und Geschwindigkeit in der Menschheitsgeschichte wohl nie gegeben hat.

Kriege, Umwelt- und Naturkatastrophen, Armut, persönliche und berufliche Krisen schüren Zukunftsängste. Alles wirkt wie ein Tanz auf der Rasierklinge und der Abgrund scheint nahe.

Die Orientierungslosigkeit hält Einzug und lähmt unsere Kraft zum Leben. Täglich werden uns über die Medien neue Schicksale und Hiobsbotschaften präsentiert, wir drehen uns im Kreis und treiben mit dem Boot ohne Steuermann auf dem Meer und sehen die gewohnten Leuchttürme nicht mehr und schippern in die Aussichtslosigkeit.

Unser Leben wird mit negativen Informationen und Berichten überflutet und damit wird das Vertrauen in unser geniales Geschenk »Leben« immer mehr in Frage gestellt. Wohin hat uns also das letzte Jahrhundert geführt? Ist der Kapitalismus und der damit verbundene steigende Egoismus der industriellen Völker, Geld, Trieb und Gier nach Luxus und Ruhm, Besitz und Macht, Karrieredenken und der Konsumrausch zu unserem Verhängnis geworden?

Leben wir noch unser Leben oder werden wir nur noch gelebt? Haben wir den Blick für den Sinn des Lebens gänzlich verloren? Besteht die Menschheit nur noch aus Egoisten?

Wenn wir uns natürlich nur noch der Mainstreamdroge hingeben und unsere Konzentration darauf lenken, dann ist die Chance groß, dass wir den mentalen Bankrott erleben. Dieser Zustand würde dann allerdings nahezu alle Funktionen unseres intelligenten Wesens angreifen und lahmlegen. Körper, Geist und Seele würden in die Sackgasse hineinsteuern.

Es liegt mir fern, dich hier mit diesen Fakten einzuschüchtern, aber es gehört nun mal dazu, die aktuelle Situation kurz zu beleuchten, um dann die grenzenlose Energie zu mobilisieren und die Lebensreise modifiziert anzutreten.

Du hast immer die Möglichkeit, deine Fesseln abzulegen und den fremdgesteuerten, manipulativen Strategien zu entweichen. Der Beginn einer Reise entscheidet auch über den Ausgang und das Ende der Reise, deshalb solltest du immer achtsam und hellwach sein.

Da du nicht zu den Menschen gehörst, die vor dieser Entwicklung kapitulieren, wirst du mit Klarheit, Freude und Kraft deine persönlichen Lebensziele auf den Weg bringen, auch wenn die Strecke holprig sein sollte.

Warum erreicht der eine mehr ohne Kraftanstrengung als der andere? Der Grund liegt im mentalen Muster und auf der Ebene unseres Geistes.

Unser Geist erschafft die negativen Umstände genauso wie die positiven Umstände mit einer gewissen Leichtigkeit. Wir schaffen die Bedingung bewusst oder unbewusst für das, worauf unsere Konzentration liegt. Mit diesem Vorgang konzentrieren wir uns auf das gewählte Ziel und damit auf den gewählten Endzustand.

Die Kraft unseres Geistes ist die schöpferische Kraft. Damit liegt aller Anfang in unserer inneren Welt.

Alle großen Erfinder dieser Erde haben aus dieser inneren Welt ihre Hoffnung, Glaube, Begeisterung, Leidenschaft, Vertrauen und

Willen geschöpft. Hier liegt der Auslöser und Startknopf für dich als Lebenspilot, um zur Weisheit und persönlichen Entfaltung zu gelangen. In diesem Feld entstehen Visionen, Ideen und Träume und hier liegen auch die notwendigen Werkzeuge zur Verwirklichung bereit.

Die ganze Macht kommt von innen und kann auch von dort gesteuert werden. Die Anwendung ist freiwillig und unterliegt keinem Zwang. In der inneren Welt wird die Ursache geschaffen und in der äußeren Welt wird die Wirkung sichtbar. Die Natur macht es uns vor, denn die Wurzel eines Baumes liegt auch in der Erde und der Baum selbst mit seinen vielfältigen Varianten entwickelt sich außerhalb der Erde.

Leben kann also ohne Geist nicht existieren, denn der Geist ist die Schaltzentrale zur physischen Existenz. Allerdings liegt der wirkliche Wert deiner Gedanken in der entsprechenden und umgesetzten Anwendung. Die Gedanken bilden die Matrix, mit deren Hilfe wir die Substanz sichtbar machen.

Ein einfaches Beispiel verdeutlicht diese Feststellung; wenn du dich entscheidest, den Lichtschalter zu drücken, dann ist die Helligkeit des Lichtes, in deinem Raum, die logische Folge. Dein nächster Gedanke führt zu dem entsprechenden Ergebnis. Faszinierend ist, dass der Mensch das beste lebendige Gerät ist, was es gibt. Unsere Aufgabe ist es, dieses gigantische Wunderwerk optimal zu nutzen und zu bedienen. Lernen wir uns endlich selbst kennen, denn es gibt nichts Größeres!

Alle Informationen nehmen wir auf und diese werden in uns aufgeschrieben in Worten und auch in Bildern. Sie werden wie auf einer Festplatte eines Computers für alle Ewigkeit abgespeichert.

Wenn wir also intensiv lernen mit uns richtig zu kommunizieren und mit diesem Handwerkzeug auf das Wissen und unsere Erfahrung zurückgreifen, was wir in bestimmten Situationen benötigen, dann können wir uns aus jedem Sumpf herausholen, egal, wie tief er auch ist.

Auch wenn die Welt immer mehr Probleme offenbart, wofür der

Mensch in erster Linie selbst verantwortlich ist, können wir die Orientierung mit den in uns liegenden Fähigkeiten neu ordnen. Unser grenzenloses universelles Wissen muss nur angewendet werden und dann werden Wunder wahr, unabhängig davon, ob es eine Krise gibt oder nicht.

Wenn ich weiß, dass Wunder möglich sind, dann kann mich nichts auf Dauer aus der Bahn werfen. In jeder Zelle meines Körpers werden Informationen abgelegt, in jeder Zelle laufen pro Sekunde hunderttausende chemische Reaktionen ab und geschätzte 75 Billionen Zellen gibt es im menschlichen Körper, die für eine extrem hohe Intelligenz sorgen.

Sobald wir unsere Energie nicht mehr auf ein Problem lenken, wird dieses Problem sofort kleiner. Dieses Phänomen gezielt eingesetzt führt zu wundervollen Ergebnissen. Wenn wir aufhören, Probleme als allmächtig anzusehen, haben wir die Weichen schon vielversprechend gestellt.

Die wirkliche Herausforderung ist, Bestehendes in Frage zu stellen und damit die Schöpfungskraft wieder zu aktivieren und wieder zurückzubekommen, und zwar so, wie sie uns ursprünglich geschenkt wurde. Die geistigen Werkzeuge sind das Wichtigste, denn sie sind die Quelle der Macht und führen uns in die aktiven Handlungen.

Das konsequente Vertrauen in die geistigen Gesetze ist ein wesentlicher Garant, um das Lebensspiel zu gestalten. Wenn es keinen Leitfaden oder besser gesagt keinen Leitstern für dich gibt, wird die Orientierung in deinem Leben sehr oft fehlen oder gar nicht erkennbar sein.

Ich selbst fasste mit 23 Jahren den klaren Entschluss Unternehmer zu werden. In diesem Buch erwähne ich diesen Schritt mehrmals und zwar deshalb, weil diese Entscheidung mein Leben geprägt hat. Viele Skeptiker und Zweifler beobachteten mich und warteten auf mein Scheitern. Das wusste ich ganz genau und natürlich brodelte es in mir, aber ich ignorierte diese Menschen und machte immer wieder den nächsten Schritt nach vorne, aber auch viele Schritte zurück. Bereits zwei Jahre später eröffnete ich mein erstes Büro, obwohl mir viele Menschen auch von diesem Schritt abrieten. Ich ließ mir diese Idee aber nicht mehr nehmen, ich ging das Wagnis ein und glaubte fest daran, dass sich meine Investitionen lohnen.

Mit 27 Jahren begann ich, mein eigenes Haus zu bauen, obwohl die finanzielle Situation nicht so komfortabel war. Wie sollte das auch möglich gewesen sein? Ich sparte zwar regelmäßig, aber ein Vermögen konnte in dieser kurzen Zeit nicht zusammengekommen sein. Also nahm ich einen Kredit und ich war stolz, dass dieser genehmigt wurde. Durch Eigenleistung sollte das Vorhaben gelingen. Das Projekt machte Spaß und wurde zügig vorangetrieben. Alles lief soweit nach Plan.

Allerdings wurde die Freude über das entstehende Eigenheim dann plötzlich ziemlich getrübt, denn zwei Jahre zuvor beteiligte ich mich an der Gründung einer Privatbank. Die finanziellen Risiken schienen sehr übersichtlich, da die Haftung begrenzt war. Ich sah das Konzept als echte Chance, zumal namhafte Persönlichkeiten das Projekt mit verantworteten. Zudem teilte ich mir mit zwei Freunden die notwendige Investition und das Risiko schien total überschaubar.

Mit voller Wucht musste ich dann erfahren, dass diese Macher sich nur für sich interessierten. Der Initiator entpuppte sich als eiskalter Geschäftsführer und handelte nicht als ordentlicher und disziplinierter Kaufmann, sondern er machte den Investoren das Leben zur Hölle.

Er forderte mit allen rechtlichen Argumenten noch mehr Geld ein, als vertraglich vereinbart war. Er ließ kein Argument zu und trieb gnadenlos jeden Cent ein. Ich schlief keine Nacht mehr und hatte nur noch die Zahlungstermine im Kopf. Der Angst- und Stresspegel drohte zu explodieren. Wie sollte ich das nur schaffen? Ich machte einen Plan und musste diesen oft modifizieren, aber so schaffte ich, wenn auch mühsam, diese existenzbedrohende Situation zu meistern.

Diese Lektion war extrem belastend für meine Familie und mich, aber kapitulieren stand für mich außer Frage. Es war mal wieder die Hölle und diese Erfahrung stellte mich extrem auf die Probe.

Ich hatte eine falsche Entscheidung getroffen, aber das war eben so und gehörte zu meinem Leben! Jedenfalls hatte dieses Erlebnis Auswirkungen auf mein Finanz- und Unternehmerdenken.

Einige Jahre später entwickelte ich ein Beratungssystem, was die Risiken von wirtschaftlichen Entscheidungen einerseits minimiert und andererseits heute noch als Erfolgskonzept gilt.

Heute weiß ich natürlich, dass die Probleme, die ich erlebe, nur Aufgaben des Lebens sind. Sie sind sogar Geschenke, die dann zur Erkenntnis und damit zu Wachstum führen. Das ist die entscheidende Botschaft, denn Leben bedeutet lernen.

Es ist völlig gleichgültig was uns im Leben so als Steine vor uns geworfen wird, es ist egal was passiert, wir allein entscheiden wie wir auf diese Probleme reagieren. Unser Fokus entscheidet, ob wir aus diesen Situationen gestärkt herauskommen oder nicht. Natürlich ist das eine lockere Aussage, aber es ist so, oder kennst du eine zielführende Alternative?

Finde also heraus, was deine wahre Vision ist, denn darauf baut sich deine Wirklichkeit auf. Der echte wertvolle Schatz liegt in deiner inneren Welt. Hier liegen die Antworten auf alle unsere Fragen.

Unsere Wünsche, Träume, Ziele, Visionen und die Gedanken sind die Ursache für die Veränderungen im Außen und nicht etwa umgekehrt. Die innere Welt ist unser geheimnisvoller Diamant. Niemand sieht diesen Schatz wirklich, nur du siehst und fühlst ihn. Dieses Geschenk ist das kostbarste Gut, was das Universum für dich geschaffen hat. Bevor du die Welt verändern willst, solltest du dich zuerst selbst verändern.

Du hast immer die einmalige Chance, den Wendepunkt in deinem Leben einzuleiten. Mit dieser Art von Entscheidung wird deine Lebensreise möglicherweise etwas abenteuerlicher, aber mit Sicherheit bringen dich die gewonnenen Erkenntnisse deiner Bestimmung, deiner wirklichen Berufung und Lebensaufgabe näher. Schreibe deine Lebensgeschichte selbst und vertraue deinen Schritten, die du wählst.

Poliere also deinen inneren Diamanten so lange, bis er glänzt, hinterfrage dein Glaubenssystem und deine Überzeugungen, denn nur so wirst du auf Dauer die Magie des Lebens wirklich leidenschaftlich genießen.

Das Zeitalter der Schnelligkeit

»Genau genommen leben nur wenige Menschen wirklich in der Gegenwart, die meisten haben nur vor, einmal richtig zu leben.«
(Jonathan Swift, 1667-1745)

Manchmal scheint es als würden wir wie in einem schlechten Film nur noch dahin schleichen, ein selbstbestimmtes Leben scheint nicht mehr möglich und viele Menschen sprechen sogar davon, dass wir nur noch fremdgesteuert sind. Tatsächlich trifft diese Annahme wohl zu, denn die Menschen sitzen in einem Zug, der dabei ist, auf eine riesige Betonmauer zu zusteuern. Das Vertrauen in die eigene Fähigkeit, in die Zukunft und die Wahrnehmung für das Leben geht mehr und mehr verloren. Aggressionen, Schuldzuweisungen und Ablenkungsmanöver beherrschen den Alltag. Beobachte doch mal aufmerksam, wie die Menschen durch den Supermarkt, durch die Kaufstraßen, durch ihren Job laufen und mit welcher Hektik sie ihr Auto steuern. Völlig erschöpft fallen sie spätestens am Abend in ihre Sessel und hadern mit sich und dem ganzen Umfeld. So kann es einfach nicht weitergehen! Richtig?

Das Gefühl der Überforderung greift immer schneller um sich und hinterlässt deutliche Spuren. Schon lange haben wir es mit einer tickenden Zeitbombe zu tun. Die damit einhergehenden Stresssymptome sind nicht mehr zu übersehen. Unsere Medien leisten die entsprechende Unterstützung und berichten stündlich über die globalen Eskalationen und weltwirtschaftlichen negativen Ereignisse. Die Menschen werden regelrecht erschüttert. Es gab eine Zeit wo Menschen die Kommunikationskultur noch im Griff hatten und physische Gespräche die Grundlage für Erfolg und Zufriedenheit waren.

Die technische Entwicklung und das damit verbundene extrem hohe Tempo jagen uns Angst und Schrecken ein und prägen unser Leben in einer noch nie da gewesenen Dimension. Das Kommunikationstempo hat sich in den letzten 180 Jahren um das 10-millionenfache beschleunigt, unfassbar! Im Mittelalter hat ein Mensch in seinem ganzen Leben so viel Informationen bekommen wie heute in einer Samstagsausgabe der FAZ.

Die fragliche Botschaft lautet: Kontakte sind alles und Netzwerken ist der Erfolgsgarant Nr. 1. Ohne Facebook und Co läuft gar nichts. Social Media ist der Schlüssel für das Überleben. Hier wird Business gemacht und hier entstehen die Freundschaften. Millionen von Klicks bestätigen täglich neue Freundschaften. Kaum zu glauben, aber wahr. Dieses Kommunikationssystem bietet ungeahnte Möglichkeiten und scheint einfach nicht zu toppen zu sein. Grandios?

Nach neuesten Statistiken gibt es in Deutschland mehr als 110 Millionen Handyverträge und das bei einer Einwohnerzahl von rund 82 Millionen. Bereits über 75 Prozent ab dem 14. Lebensjahr sind online und das meist den ganzen Tag über. Wenn wir Neugeborene und Kleinkinder und Uropa und Uroma abziehen, dann sind alle Menschen tatsächlich im digitalen Zeitalter ununterbrochen on Tour. Natürlich gibt es auch viele Vorteile und die Onlinewelt ist auch nicht mehr wegzudenken, allerdings ist die katastrophale Entwicklung der Selbstzerstörung nicht mehr aufzuhalten.

Jeder weiß aus eigener Erfahrung, dass der Handynutzer ohne sein Gerät schnell in Panik verfällt. Das Smartphone ist der wichtigste und auch der ständige Begleiter. Ob im Schlafzimmer oder sogar auf der Toilette und bei Terminen hat das vielseitige Alleskönner-Gerät seine Priorität. Besonders gefährlich wird es, wenn das Handy im Auto die Hauptrolle spielt und ständig griffbereit sein muss. Ohne Rücksicht auf Verlust wird sogar ein Autocrash in

Kauf genommen, denn am Steuer arbeiten nahezu 50 Prozent an ihrem Handy.

Die totale Abhängigkeit ist nicht mehr zu übersehen und dass unsere Kinder die gleichen Gewohnheiten pflegen, ist mehr als logisch. Wir brauchen keine Uhr mehr zu tragen, der ständige Blick aufs Handy bietet jede Menge an Varianten, das Telefonieren ist nicht unbedingt das wichtigste Merkmal. Internetsurfing lässt keine Fragen offen und alles ist in jeder Sekunde des Lebens mit dem Smartphone machbar.

Insofern wundert es überhaupt nicht, wenn das Smartphone mal verlegt wird und nicht auffindbar ist, dass dann beim Nutzer alle Dämme brechen. Panik, Verzweiflung und sogar Krankheit können die Reaktionen sein. Dieser Virus ist ansteckend und legt die Vernunft lahm.

Die Handy-Nutzung ist außer Kontrolle geraten und zu einer extremen Sucht geworden. Studien zeigen, dass die exzessive Nutzung von Mobiltelefonen besonders bei jungen Nutzern eine ernstzunehmende Form der emotionalen und psychischen Abhängigkeit zur Folge hat. Wenn nun mehr als 95 Prozent der Menschen mit dem Strom schwimmen und sich regelrecht von dieser Lawine anstecken lassen, dann sind die globalen Auswirkungen nicht mehr aufzuhalten. Wir sind der Schnelligkeit nicht mehr gewachsen, fühlen uns abgehängt und verkriechen uns in die Ausweglosigkeit.

Die modernen und innovativen Technologien sorgen dafür, dass wir 24 Stunden am Tag voll in Aktion sein können und somit rastlos durch den Lebensalltag jetten. Ruhelosigkeit, Beschleunigung, grenzenlose Flexibilität und maximale Effektivität sind die Anzeichen einer tickenden Zeitbombe.

Die Evolution der Menschheit hat sich immer eher langsam vollzogen, damit wir uns darauf einstellen konnten und daraus die Weichen für die Zukunftsgestaltung stellen konnten. Durch die Industrialisierung und erst recht durch die Digitalisierung hat die Entwicklung allerdings ein Geschwindigkeitsschub bekommen, der nicht mehr unter Kontrolle ist. Wir sind in eine Sackgasse gelaufen, verlieren die Lebensfreude, verfallen in Depression und verlieren den Lebensmut. Der Druck, Ziele zu erreichen, weil andere es auch schaffen, ist enorm groß und damit ist er Stressauslöser und zugleich der Ruin für die Gesundheit.

Es ist aber immer noch früh genug, den Lebenspfad der Gewohnheiten zu verlassen und dem verinnerlichten Glaubenssätzen und Verhaltensmustern den Kampf anzusagen und höflich Widerstand zu leisten.

Wir sind nicht nur dann glücklich, wenn wir mit der Zeit gehen, sondern wenn wir behutsam mit uns umgehen. Nur so ist innere Freiheit möglich. Unsere Priorität sollte es sein, nicht schneller, sondern ruhiger und besonnener den Weg des Lebens zu gehen. Gegen den Strom zu schwimmen und Menschen finden, die auch so denken wie du, ist eine zentrale Verpflichtung. So gelingt es den Club nach und nach zu vergrößern. Denke bitte daran: »Nur tote Fische schwimmen mit dem Strom.«

Es ist besonders wichtig, wiederholt darauf hinzuweisen, dass die ständige Nutzung von Mobilfunkgeräten nicht nur für erhebliches Suchtpotenzial sorgt, sondern auch primär irreparable Gesundheitsstörungen und Schäden verursachen kann.

Laut intensiven Untersuchungen und Analysen könnte der gesundheitliche Kollaps bereits in wenigen Jahren seinen Höhepunkt erreichen. Aus heutiger Sicht ist dieses Szenario wohl auch nicht mehr aufzuhalten, weil die Abhängigkeit von Smartphone und Co bedrohliche Formen angenommen hat und Massen von Menschen diese dramatische Entwicklung einfach nur ignorieren.

Der Schutz vor Elektrosmog ist wohl die wichtigste Entscheidung überhaupt für unser Leben, denn diese Gefahrenquellen sind überall vorhanden.

Insofern möchte ich jedem Leser ernsthaft ans Herz legen, sich mit diesem Thema auseinanderzusetzen. Die Ausgaben für Elektrosmogschutz und Strahlenschutz wird mit Sicherheit die beste Investition in deinem Leben sein.

Unter dem Gesichtspunkt, dass Gesundheit auf der physischen Ebene sicher dein wertvollstes Kapital ist, liegt die Rendite für diesen Schutz locker bei tausend Prozent. Zudem ist diese Investition auch nutzbar und übertragbar für die weiteren Generationen.

Beschäftige dich bitte mit diesem Thema, es hat aus meiner Sicht mit die höchste Priorität für die kommenden Jahre.

Vielleicht beginnst du im ersten Schritt einfach mal mit klaren Regeln für die Nutzung deiner digitalen Medien.
Vorschlag für klare Handynutzungsregeln:

(Natürlich solltest du dir deinen eigenen Plan erstellen)
Tagesablauf/ Idee:

07.00 – 09.00 Uhr	Frühstück, Handy-/ Telefonpause
09.00 – 13.00 Uhr	Handy-/ Telefonnutzung erlaubt
13.00 – 14.00 Uhr	Mittag, Handy-/ Telefonpause
14.00 – 18.00 Uhr	Handy-/ Telefonnutzung erlaubt
18.00 – 19.00 Uhr	Abendessen, Handy-/ Telefonpause
19.00 – 20.00 Uhr	Handy erlaubt
Ab 20.00 Uhr	Handy ausschalten

Nachts sollte das Handy grundsätzlich ausgeschaltet werden, bzw. in den Flugmodus eingeschaltet werden, da so keine Strahlung erzeugt wird.

Das digitale Zeitalter kann bedrohliche Auswirkungen haben und deshalb sind wir aufgefordert, die richtige Einstellung zu diesem Szenario einzunehmen. An dieser Aufgabe geht kein Weg vorbei. Wir müssen dafür Sorge tragen, dass wir die Technologien noch beherrschen und nicht umgekehrt.

Wenn wir die revolutionäre und rasante Geschwindigkeit der Roboterentwicklung betrachten, dann stehen wir bei allen positiven Szenarien vor erheblichen Herausforderungen. Werde also nicht zur programmierten Marionette, sei wachsam, achtsam und entdecke dich selbst!

Du kannst dein Leben so leben, wie du es möchtest. Du musst nur deine Fesseln ablegen und an den neuen Lebensweg glauben. Folgende Geschichte ist eine tolle Unterstützung, um an die eigenen Fähigkeiten zu glauben und die vorhandenen Zweifel abzulegen.

»Als ich ein kleiner Junge war, war ich vollkommen vom Zirkus fasziniert und am meisten gefielen mir die Tiere. Vor allem der Elefant hatte es angetan. Wie ich später erfuhr, ist er das Lieblingstier vieler Kinder. Während der Zirkusvorstellung stellte das riesige Tier sein ungeheures Gewicht, seine eindrucksvolle Größe und seine Kraft zur Schau. Nach der Vorstellung aber und auch in der Zeit bis kurz vor seinem Auftritt blieb der Elefant immer am Fuß an einen kleinen Pflock angekettet. Der Pflock war allerdings nichts weiter als ein winziges Stück Holz, das kaum ein paar Zentimeter tief in der Erde steckte. Und obwohl die Kette mächtig und schwer war, stand für mich ganz außer Zweifel, dass ein Tier, das die Kraft hatte, einen Baum mitsamt der Wurzel auszureißen, sich mit Leichtigkeit von einem solchen Pflock befreien und fliehen konnte.

Dieses Rätsel beschäftigt mich bis heute. Was hält ihn zurück? Warum macht er sich nicht auf und davon? Als Sechs- oder Siebenjähriger vertraute ich noch auf die Weisheit der Erwachsenen. Also fragte ich einen Lehrer, einen Vater oder Onkel nach dem Rätsel der Elefanten. Einer von ihnen erklärte mir, der Elefant mache sich nicht aus dem Staub, weil er dressiert sei.

Meine nächste Frage lag auf der Hand: »Und wenn er dressiert ist, warum muss er dann noch angekettet werden?« Ich erinnere mich nicht, je eine schlüssige Antwort darauf bekommen zu haben. Mit der Zeit vergaß ich das Rätsel um den angeketteten Elefanten und erinnerte mich nur dann wieder daran, wenn ich auf andere Menschen traf, die sich dieselbe Frage irgendwann auch schon einmal gestellt hatten.

Vor einigen Jahren fand ich heraus, dass zu meinem Glück doch schon jemand weise genug gewesen war, die Antwort auf die Frage zu finden: Der Zirkuselefant flieht nicht, weil er schon seit frühster Kindheit an einen solchen Pflock gekettet ist. Ich schloss die Augen und stellte mir den wehrlosen neugeborenen Elefanten am Pflock vor. Ich war mir sicher, dass er in diesem Moment schubst, zieht und schwitzt und sich zu befreien versucht. Und trotz aller Anstrengung gelingt es ihm nicht, weil dieser Pflock zu fest in der Erde steckt.

Ich stellte mir vor, dass er erschöpft einschläft und es am nächsten Tag gleich wieder probiert und am nächsten Tag wieder und am nächsten … Bis eines Tages, eines für seine Zukunft verhängnisvollen Tages, das Tier seine Ohnmacht akzeptiert und sich in sein Schicksal fügt. Dieser riesige, mächtige Elefant, den wir aus dem Zirkus kennen, flieht nicht, weil der Ärmste glaubt, dass er es nicht kann.

Allzu tief hat sich die Erinnerung daran, wie ohnmächtig er sich kurz nach seiner Geburt gefühlt hat, in sein Gedächtnis eingebrannt. Und das Schlimme dabei ist, dass er diese Erinnerung nie wieder ernsthaft hinterfragt hat. Nie wieder hat er versucht, seine Kraft auf die Probe zu stellen.

»So ist es, Demian. Uns allen geht es ein bisschen so wie diesem Zirkuselefanten: Wir bewegen uns in der Welt, als wären wir an Hunderte von Pflöcken gekettet. Wir glauben, einen ganzen Haufen Dinge nicht zu können, bloß weil wir sie ein einziges Mal, vor sehr langer Zeit, damals, als wir noch klein waren, ausprobiert haben und gescheitert sind.

Wir haben uns genauso verhalten wie der Elefant, und auch in unser Gedächtnis hat sich die Botschaft eingebrannt: Ich kann das nicht, und ich werde es niemals können.

Mit dieser Botschaft, nämlich der Botschaft, dass wir machtlos sind, sind wir groß geworden, und seitdem haben wir niemals mehr versucht, uns von unserem Pflock loszureißen. Manchmal, wenn wir die Fußfesseln wieder spüren und mit den Ketten klirren, gerät uns der Pflock in den Blick, und wir denken: Ich kann nicht, und werde es niemals können.«

Jorge machte eine lange Pause. Dann rückte er ein Stück heran, setzt sich mir gegenüber auf den Boden und sprach weiter: »Genau dasselbe hast auch du erlebt, Demian. Dein Leben ist von der Erinnerung an einen Demian geprägt, den es gar nicht mehr gibt und der nicht konnte. Der einzige Weg herauszufinden, ob du etwas kannst oder nicht, ist, es auszuprobieren, und zwar mit vollem Einsatz. Aus ganzem Herzen!«

Quelle: Jorge Bucay: Komm, ich erzähle dir eine Geschichte. Fischer (Tb.), Frankfurt; Auflage: 8 (September 2011)

In diesem Zusammenhang ist die Formulierung von Walt Disney sehr treffend: »Alles, was du dir vorstellen kannst, kannst du auch erreichen!«

Wenn du die Veränderung wirklich aus tiefstem Herzen möchtest, finde dich mit der Situation des Zweiflers nicht ab und rudere nicht zurück. Lass den Zweifler, diesen Besserwisser da, wo er ist! Lenke die Aufmerksamkeit um auf das, was dir wirklich entspricht. Du hast immer die Gelegenheit, dich von den bisherigen Glaubensmustern und Überzeugungen zu lösen und diese zu eliminieren. Mach dir den Weg frei zu neuen Abenteuern. Es lohnt sich, denn du kommst deinem wahren »Ich« entscheiden näher!

Im Zeitalter der rasanten Geschwindigkeit sind wir aufgefordert unsere Energien sehr gezielt und sorgfältig einzusetzen. Unsere galoppierende und informationsüberflutende Gesellschaft wirft viele Fragen auf, denen wir uns stellen müssen, um in dem Dschungel der massiven Einflüsse bestehen zu können.

Also formuliere nach einer gründlichen Analyse deine alten Umstände neu. Stelle dir die gewünschte Vorgehensweise und Lösung vor und dann setze die Energie in Bewegung, damit die Realisierung erfolgen kann.

Erschaffe dein Leben so, wie du es dir im tiefsten Herzen wünschst. Du musst keine Klimmzüge machen, sondern nur den ersten Schritt. Tue das, was dir Spaß und Freude bereitet, denn so wirst du den Prozess des Wachstums und der Veränderung genießen. Entscheide dich immer mal wieder für ein Zeitlupentempo anstatt für den Hochgeschwindigkeitsrausch! Mahatma Gandhi hat es auf den Punkt gebracht:

»Es gibt Wichtigeres im Leben, als beständig dessen Geschwindigkeit zu erhöhen.«

Wo stehst du in deinem Leben? Es ist Zeit für eine Inventur!

»Sei du selbst die Veränderung, die du dir wünschst für diese Welt.« (Mahatma Gandhi)

Mache einmal den Status Quo, konkretisiere jetzt deine aktuelle Lebenssituation und befasse dich mit den wichtigsten Themen in deinem Leben. Das Ergebnis zeigt dir, wo du noch Defizite und Schwachstellen hast. So bist du in der Lage diese Lebensbereiche zu optimieren. Du wirst deutlich fühlen, ob du in den Bereichen aktiv werden möchtest oder nicht. Es wird eine sehr aufschlussreiche Übung und zugleich Erfahrung sein, denn du kreierst dein Leben mit dieser Erkenntnis auf eine neue Stufe. Du erkennst sehr deutlich, in welchem Lebensfeld du schon gut positioniert bist, und zugleich wird dir das Experiment weitreichende Anregungen geben. Du hast die Wahl, ob du dein Leben optimieren möchtest oder ob es so bleiben soll. Mit dieser Übung gibst du deiner Persönlichkeitsentwicklung eine neue Perspektive und du erkennst die möglichen notwendigen Schritte.

Zeichne dein eigenes Sonnenbild

Auf der Skala von eins bis zehn kannst du jeden Bereich so ankreuzen, wie du diesen momentan empfindest. 1 bedeutet eher schwach und 10 bedeutet hervorragend. Nun beginne mit der Übung. Lasse dich von deinem augenblicklichen Gefühl leiten.

Verbinde die Punkte miteinander und betrachte, wie dein persönliches Sonnenbild aussieht. Ist es rund, hat es vielleicht noch viele Ecken und Kanten? Was ist besonders gut, was könnte ich noch optimieren?

Zu jedem einzelnen Sonnenpunkt kannst du ausführliche Überlegungen anstellen und auch Maßnahmen ableiten.

Mit dieser Übung findest du heraus wie es mit der Zufriedenheit deines Lebens steht.

Kreiere dein eigenes **Sonnenbild**

Kreuze auf einer Skala von **1-10** an

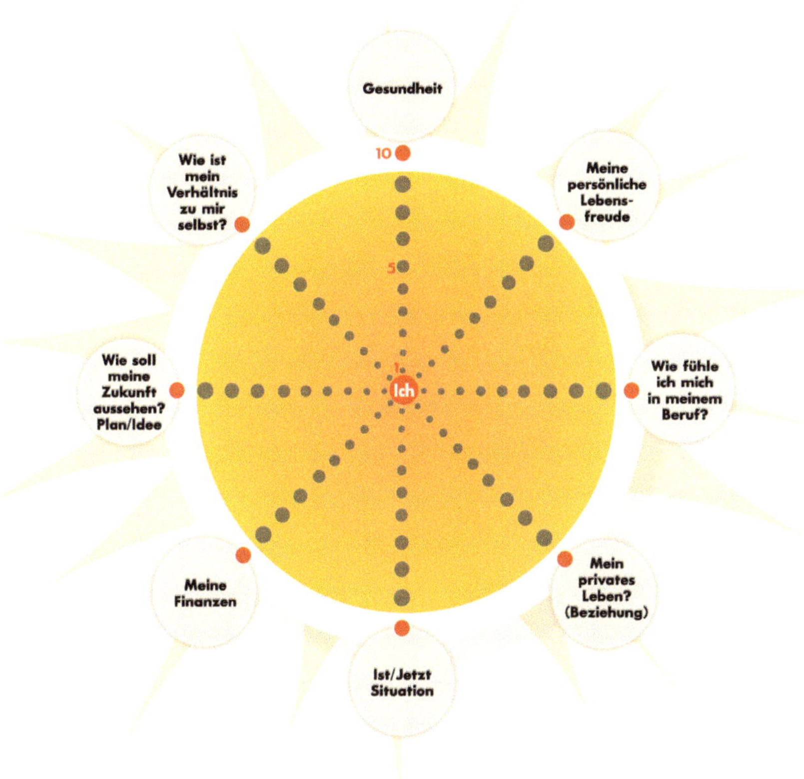

Konrad Klar

Es ist ein herrliches und traumhaftes Gefühl, sein eigenes Leben steuern und gestalten zu können. Du hast soeben ein Werkzeug für diese Veränderung geschaffen.

Konzentriere dich jetzt auf den Moment, denn du kannst nicht gegenwärtig sein, wenn du schon an die Zukunft denkst oder dich danach sehnst.

Stress und innere Zerreißproben sind die Folgen, wenn du die Gegenwart als Mittel einsetzen möchtest, um die Zukunft zu erreichen. Hier sein und dort sein wollen funktioniert nicht.

Diese Haltung ist eine Beleidigung an den gegenwärtigen Moment. Deshalb sei total da, wo du dich gerade befindest. Hier kann sich deine Energie und Kraft entfalten. Nutze sie!

Sei dankbar für das, was schon richtig gut gelungen ist, und freue dich auf die Möglichkeiten, die dir das Leben gibt. Wenn du möchtest, kannst du diese Übung auch eingrenzen und dich auf die wesentlichen Bereiche in deinem Leben konzentrieren. Wie sieht es also in den Bereichen Beruf(ung), Beziehung, Finanzen und Gesundheit aus? Kreuze jetzt deine persönliche Wahrnehmung an!

Kreiere spontan deine **Wahrnehmung** auf die 4 wichtigsten Lebensbereiche

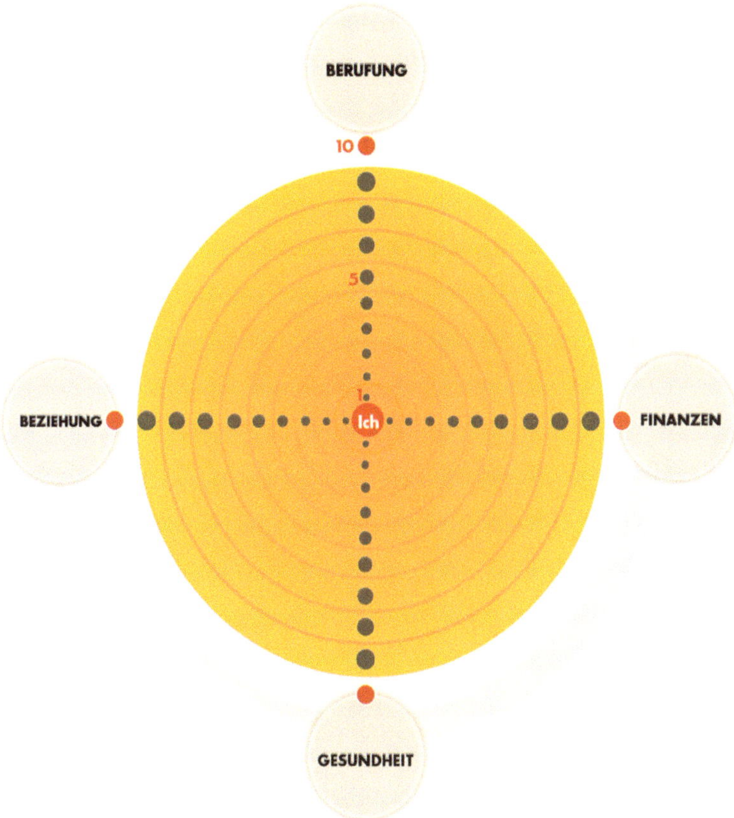

Kreuze auf einer Skala von **1-10** an

Konrad Klar

Da du diese Übung nun ausführlich erledigt hast, ist es zielführend, dass du noch einmal tiefer auf die wesentlichen Lebensbereiche eingehst.

Die nachfolgenden Fragen solltest du intensiv beantworten und daraus dann entsprechende Weichen stellen. Möglicherweise willst du anschließend die vorgenommene Bewertung korrigieren. Diese Maßnahme ist übrigens vollkommen in Ordnung und bestärkt deinen Veränderungsprozess.

Wie sieht es mit deinem jetzigen Beruf aus?

- Ist es wirklich deine wahre Berufung?
- Kannst du hier deine Fähigkeiten, Talente und Wünsche einsetzen?
- Was macht dir Freude im Beruf?
- Welches Wissen benötigst Du, um noch erfolgreicher in deinem Beruf zu werden?
- Würdest du diesen Beruf auch ausüben, wenn du wesentlich weniger Gehalt bekämst?

Wie siehst es mit deiner Beziehung aus?

- Hast du den für dich richtigen Partner, um glücklich und zufrieden zu sein?
- Welches Wissen brauchst du, um deine Beziehungsprobleme zu lösen oder zu verbessern?
- Kannst du und wenn ja, wie kannst du die Beziehung zu Kollegen, Freunden, Kindern und Eltern verbessern?

  Bist du privat Profi oder eher Amateur? Wie kannst du das ggf. ändern?

Wie sieht es mit deiner Fitness und Gesundheit aus?

- Gibt es bei dir eine Sehnsucht nach einer Verbesserung deiner Fitness?
- Was kannst du für eine bessere Gesundheit tun?
- Wie schaffst du den natürlichen Zustand von Gesundheit?
- Welche Möglichkeiten nutzt du, um in Balance zu sein?

Wie sieht es mit deinen Finanzen aus?

- Welches Wissen benötigst du, um deine Finanzen zu optimieren?
- Welche antrainierten Muster und Prägungen stehen im Wege, um finanziell unabhängig zu sein?
- Mit welchen Maßnahmen gelingt dir der finanzielle Erfolg?
- Wie kannst du optimale Entscheidungen treffen?

Nimm dir bitte auch hier genügend Zeit zur Beantwortung dieser wesentlichen Fragen, denn sie sind wichtige Voraussetzungen für dein zukünftiges Leben.

Dankbarkeit ist die Quelle der Weisheit

»Die meisten Menschen warten ein Leben lang darauf, geliebt zu werden, anstatt zuerst den Menschen aus tiefsten Herzen zu lieben, mit dem wir jede Sekunde unseres Lebens verbringen!« (Konrad Klar)

Was wollen wir wirklich? Wofür brennen wir? Diese Fragen begleiten uns in unserem Leben wahrscheinlich bis zum irdischen Abschied.

Verbunden mit diesen Fragen kommen immer wieder neue Fragen auf. Wie komme ich in Balance? Was ist der Sinn meines Lebens? Alles Fragen, denen eine intensive Sehnsucht zu Grunde liegt und die auch beantwortet werden möchten.

Leben wir unser Leben selbst oder werden wir vielleicht gelebt? Gehörst du vielleicht auch zu der Kategorie von Menschen, die das ganze Leben lang nach dem gleichen Strickmuster leben? Hast du wirklich schon mal deine Handlungsweise überprüft? Ich meine wirklich und auch intensiv.

Es ist sicher zutreffend, dass der Mensch alles, was er hört und sieht, vor dem Hintergrund seiner eigenen Persönlichkeit betrachtet. Er schaut nur durch seine Brille und macht so seine Überzeugungen fest.

Die inneren Programme, eingeprägte Verhaltens- und Glaubensmuster müssen erkannt werden, denn sie können fatale Folgen haben. Formulierungen und Hinweise wie »Sei perfekt, arbeite hart, bloß keine Langeweile, Müßiggang ist aller Laster Anfang, das haben wir immer so gemacht« sind altbekannte und gewohnte

Aufforderungen. Wenn bestimmte Glaubenssätze also fest in unserem Navigationssystem eingebrannt sind, sind Veränderungen nicht so leicht möglich. Achten wir also sorgfältig darauf, dass wir in unseren Mustern nicht festsitzen. Eine konsequente Ist-Stand-Analyse hilft bestimmt, die Weichen für ein selbsterfüllendes Leben zu stellen. Hinterfrage deine Denkweise und auch deine Überzeugungen.

Wie also empfindest du dein jetziges Leben? Schreibe spontan 10 Dinge auf, für die du dankbar bist! Was fällt dir ein?

1____

2____

3____

4____

5____

6____

7____

8____

9____

10____

Was fühlst du dabei? Vielleicht möchtest du Prioritäten setzen, wofür du besonders dankbar bist. Die Priorität kannst du entsprechend von 1 bis 10 markieren nachdem du mindestens 10 Dinge notiert hast.

Sicher ist es auch mal an der Zeit, für diese Dinge Danke aus tiefsten Herzen zu sagen. Tue es – Jetzt! Schreibe das Wort »Danke« jetzt auf! Danke für alle diese aufgezählten Dinge.

Ja, Dankbarkeit ist die Quelle der Lebensfreude und damit die Grundvoraussetzung zum Glück. Wenn Menschen dankbar sind, erzeugen Sie einen Sog von guten Gefühlen, denn Dankbarkeit ist eine offene Anerkennung für andere und wirkt damit wie ein echtes Glückshormon.

Ja, es ist doch ein Wunder, dass du auf diesem Planeten bist. Millionen von Abläufen, ob klein oder groß, funktionieren jede Sekunde, jeden Tag extrem zuverlässig. Du stehst morgens auf und du atmest automatisch und du brauchst dafür keinen Knopf zu drücken. Genial oder? Ist dir das wirklich bewusst?

Dein Körper und dein Geist sind so komplex, dass kein Wissenschaftler erklären kann, wie dieses Zusammenspiel funktioniert. Dein Körper besteht aus Billionen von Zellen, dein Herz pumpt jeden Tag mehrere Tausend Liter Blut durch deinen Körper und das ohne Auftrag. Alles liegt in dir, die Schöpfung hat dich reichlich und extrem intelligent beschenkt. Mache es dir endlich bewusst, denn das ist purer Reichtum!

Trotzdem bleiben die meisten Menschen in ihren Gewohnheiten stecken und schließen sich den Gruppen an, die auf hohem Niveau das Jammern beherrschen. Mal ehrlich, so geht's wirklich nicht! Was hat das mit Glücksempfinden zu tun, geschweige denn mit Selbstverwirklichung?

Wir können unser Lebensziel jederzeit neu festsetzen und dann gezielt erreichen. Neue Erfahrungen und neugierige Schritte fördern unser persönliches Wachstum. Es gilt die schönsten Momente unseres Lebens immer wieder zu aktivieren.

Mach dir mal bewusst, auf welcher Welle des Lebens du dich befindest. Erkenne endlich, wie viele wunderbare Möglichkeiten dir zur Verfügung stehen.

Es ist schon fast ein Novum, denn ohne geistige Fitness gibt es keine gesundheitliche Fitness und damit auch keine finanzielle, berufliche und private Fitness. Ursache und Wirkung sind hier die Gesetzmäßigkeiten, die zu entsprechenden Resultaten führen.

Genauso ist es, wenn du dieses Buch nur liest, dann wirst du nur wenige Schritte gehen. Du musst in die Umsetzung deiner Träume kommen. Also lesen, erkennen und dann entwickeln.

Wenn du die geplanten und dann erreichten Steps schaffst, musst du diese feiern, denn du hast Großes geschafft und unterscheidest dich von Millionen von Menschen. Du bist ein Macher, ja das bist du! Applaudiere dir, sei richtig stolz auf dich und sage aus vollen

Herzen: »Ich weiß, dass ich es immer wieder schaffe, und es ist gut so! Genauso passt es zu mir und es entspricht meiner wahren Persönlichkeit!«

Sei dir immer wieder bewusst über deine wirkliche Lebenssituation und sei ehrlich zu dir, wenn du sie betrachtest.

Warum jammern so viele Menschen, warum sind diese Menschen immer unzufrieden? Warum sieht man diesen Menschen schon im Gesicht an, dass sie miese Laune haben? Zuversicht und Perspektive sind wohl Fremdwörter für diese dahinvegetierenden Erdbewohner. Was läuft da schief? Warum ändern diese Menschen nicht ihre Gedanken und damit ihre Haltung? Ich möchte nicht auf das Elend und die Not in unserer Welt hinweisen, aber ebenso kann ich es nicht ertragen, dass Menschen die Augen verschließen und sich in der inneren Abwärtsspirale immer weiter nach unten ziehen. Wir haben Augen und sehen nur das, was wir wollen und dann auch noch das, was uns auf Dauer deprimiert.

Tatsächlich ist es doch so, wenn du heute Morgen aufgestanden und mehr gesund als krank bist, hast du doch schon ein Superlos gezogen, viel besser als Millionen von Menschen, die möglicherweise die nächsten Wochen nicht mehr erleben. Wenn du Essen im Kühlschrank, Kleider am Körper, ein Dach über dem Kopf und einen Platz zum Schlafen hast, bist du reicher als 75 Prozent der Menschen dieser Erde.

Millionen von Menschen können noch nicht mal ihre Grundbedürfnisse erfüllen und wir suchen Gründe, warum es sich lohnt, unglücklich zu sein. Wir verschwenden unsere Zeit damit, immer wieder Hindernisse in unserem Leben aufzuspüren und sie damit förmlich auch anzuziehen.

Na, lieber Leser, wie geht es dir in diesem Augenblick? Erkennst du jetzt zumindest ansatzweise das Geschenk der Freiheit? Verbanne den Glauben an Verlust und Mangel aus deinem Leben und öffne den Raum für Kreativität und Wohlbefinden.

Oft können wir beobachten, dass körperliche und gesundheitliche Probleme einem glücklichen Menschen nichts anhaben können. Diese Einschränkungen sind offensichtlich nur auf der Durchreise.

Du bist sicher schon zahlreichen Menschen begegnet, die trotz einiger Beeinträchtigungen Zufriedenheit, Lebensfreude und sprudelnde Energie ausstrahlen. Wenn du im Fernsehen solche Menschen beobachtest, bist du oft gerührt und findest bewundernde Worte für sie. Deine Gefühle schlagen den Purzelbaum und du spürst Mitgefühl, Dankbarkeit und inneren Frieden. In diesem Moment erkennst du, dass dein Leben doch einem Lottogewinn nahe kommt.

Auch ein Rollstuhlfahrer kann ein glückliches Leben führen und Pläne, Visionen und Träume verwirklichen. Mit der richtigen Geisteshaltung und dem eisernen Glauben kann er Berge versetzen.

In den bewegenden Jahrzehnten meines Lebens durfte ich viele Menschen kennenlernen, die trotz gesundheitlicher und teils sehr massiver Einschränkungen so viel Lebenslust und Kraft ausstrahlen, dass es wirklich ansteckend wirkte und ich diese Freude auffangen konnte. Von Menschen mit körperlichen oder auch geistigen Eingeschränkungen können wir alle sehr viel lernen.

Ob in der Familie, im Bekanntenkreis oder durch spontane Begegnungen mit solchen Menschen konnte ich immer tief greifende Impulse erleben und genießen. Wahrer Reichtum hat eben nichts mit Geld zu tun, sondern mit der unendlichen Kraftquelle, die in uns liegt! Kürzlich traf ich einen Mann im Rollstuhl, als ich auf dem Weg zu einer kleinen Bootstour war. Als ich aus meinem Auto stieg, rollte er mir mit seinem Gefährt entgegen und wir beide lächelten uns spontan und völlig übereinstimmend an. Unsere Augen trafen sich und wir kamen sofort ins Gespräch. Wir plauderten so, als hätten wir uns schon oft getroffen, und es war eine vertrauensvolle und wohltuende Atmosphäre.

Irgendwann fragte ich ihn: »Was ist denn da passiert?« Ich schaute zu ihm und hatte natürlich lange registriert, dass ihm beide Beine fehlten.

»Du«, sagte er, »ich habe keine Beine mehr, aber mein Leben ist glücklich. Früher habe ich Fußball gespielt, das kann ich heute nicht mehr. Jetzt habe ich eine neue Orientierung gefunden und bin Ölbildmaler geworden. Ich habe so viel Spaß und Freude wie ich es nur selten erlebt habe. Ich glaube, dass ich in der Oberliga male. Ja, ich genieße mein Leben, so, wie es jetzt ist und ich bin glücklich! Ich bin dankbar, dass ich noch viele andere Dinge erleben kann. Das ist es, was zählt«

In diesem Moment spürte ich, was diese Begegnung bei mir auslöste, denn ich war total glücklich und dankbar für dieses Kennenlernen. Meine volle Aufmerksamkeit, mein emotionaler und mentaler Zustand waren nur bei diesem Augenblick. Ich bewundere diesen Menschen und bin sehr dankbar für diese Begegnung, denn sie hat mir glückliche Momente geschenkt.

Wir beide waren in totaler Resonanz! Es ist so einfach. Lächle und die Welt lächelt zurück. Probiere es aus! Du brauchst dich nicht anzustrengen! Gönne dir in jeder Sekunde deines Lebens die Freude und verschenke diese an den Menschen, der dir gerade begegnet!

Tiefe innere Freude ist vergleichbar mit einem permanenten hellen Licht, was in deinem Körper leuchtet. Echte Freude fühlt sich sehr angenehm an und wirkt außerdem absolut authentisch. Normalerweise brauchen wir gar keinen Anlass zum Freuen, denn wir selbst und unser Sein sind bereits Grund genug! Wenn du die Fähigkeit besitzt, dich zu freuen, bist du bereits ein richtiger Glückspilz.

Überlege doch einmal einige Minuten, wie du Menschen eine Freude bereiten könntest und zwar spontan, wertvoll und nachhaltig. Lasse bei deiner Aufzählung der Möglichkeiten an dieser Stelle das Thema Geld einfach mal weg! Schreibe mindestens zehn Punkte auf:

1___
2___
3___
4___
5___
6___
7___
8___
9___
10___

Ja, Freude zieht Freude an. Es ist wichtig, dass du diese Freude auch wirklich intensiv spürst. So ist wahre und tiefe innere Freude ein echtes Lebenselixier und bewirkt sogar wunderbare Ergebnisse, die du dir gönnen solltest.
Wie kannst du ganz leicht Freude bereiten? Hier einige Bespiele:

ANERKENNUNG / LOB / ZEIT SCHENKEN / GEMEINSAM TEE TRINKEN / BUCH VERLEIHEN / HERZLICHE UMARMUNG / GEMENSAMES ESSEN / ZUNEIGUNG / KOMPLIMENT / LIEBE ZEIGEN / MUSIK-CD / GEMEINSAMER SPAZIERGANG / DANKE SAGEN / LÄCHELN SCHENKEN / MITGEFÜHL / MUT BEWUNDERN / KONZERT BESUCHEN / AUFMERKSAMKEIT

Hast du bei dieser Übung einige dieser Punkte aufgeführt? Wenn ja, dann ist das super. Andernfalls gehe nochmal kurz zurück und ergänze die für dich wesentlichen Punkte.

Wenn du in der Gegenwart bist, dann hast du den Schlüssel zur Freiheit und bist fern von der Zukunft und Vergangenheit. Die Konzentration liegt eben genau auf dem Jetzt.

Vor einiger Zeit kam ich mit meinem Onkel ins Gespräch. Als 86-jähriger erzählte er einige Episoden aus seinem ereignisreichen Leben. Er traf während seiner Erzählung dann folgende Feststellung: »Glaube mir, wir haben wirklich viel erlebt, aber das Einzige, was bleibt, ist die Erinnerung! Es ist schön, dass wir heute so zusammen sind.« Super! Das ist es doch, denn nur das Jetzt zählt, selbst die Erinnerung war nicht irgendwann, sondern sie ist jetzt. Sie ist da, um Kraft und Energie zu geben, sonst nichts! Also raus aus der Vergangenheit und rein ins Jetzt! Das ist echte Freude und führt häufig zu einem Dominoeffekt, indem andere Menschen das Gleiche tun und sich von dieser Freude anstecken lassen.

Die Gegenwart und der jetzige Augenblick sind mit das Kostbarste, was es in unserem Leben gibt, alles andere ist reine Illusion. Alles, was du erlebst, findet im Jetzt statt.

Vielleicht klingt es etwas sonderbar oder ist noch nicht ganz für dich nachvollziehbar, aber du wirst erkennen, dass es absolut stimmt.

Der Augenblick ist immer der Brennpunkt deines Lebens. Gib ihm so oft wie nur möglich deine volle Aufmerksamkeit, denn damit veränderst du dein Leben.

Stärke deinen Selbstwert

»Sich selbst zu lieben, ist der Anfang einer lebenslangen Leidenschaft!« (Oscar Wilde)

Wenn wir über das Thema Selbstwert sprechen, sollten wir zuerst eine zutreffende Definition für dieses Wort finden.

Bevor du jetzt weiterliest, möchte ich dich bitten, das Lesen zu unterbrechen und dieses Buch zunächst zu schließen. Dann nimm dir bitte ein weißes Blatt und schreibe einmal auf, was dir zu diesem besonderen Wort »Selbstwert« einfällt. Nimm dir ruhig etwas Zeit, denn es lohnt sich.

Wenn du diese Aufgabe ausführlich erledigt hast, behüte dieses Blatt sorgfältig und gib ihm einen Platz, wo du zu jeder Zeit Zugriff hast. Du kannst es, wann immer du möchtest, ergänzen oder verändern. Tue es jetzt. Klappe das Buch jetzt zu!

Eine kurze Entspannungsphase hilft dir sicher als Einstieg, damit du diese Aufgabe kraftvoll durchführen kannst. Nimm dir zwei Minuten Zeit dafür. Beginne jetzt! Klappe das Buch zu! Los geht's!

Schließe deine Augen und mache eine Atemübung. Danach beginne mit der Aufgabe! (Übungen: siehe Anhang) Jetzt schließe das Buch!

Nun versuchen wir der Bedeutung dieser Übung etwas näherzukommen und sicher werden wir dabei einige Erklärungen von dir auch wiederfinden.

Wie das Wort es schon selbst vorgibt, bedeutet Selbstwert, dass ich mir meinen Wert selbst gebe. Du gibst also eine Bewertung für dich selbst ab. Hier fließen viele Komponenten ein, denn es sollte ein möglichst umfassendes Bild entstehen. Wie bewertest du also deine Fähigkeiten, Eigenschaften, Zufriedenheit, Lebensfreude, soziales Verhalten und letztendlich deinen eigenen Charakter?

Bist du dir deines Wertes bewusst und sicher, fühlst du dich wirklich wohl mit dir?

Mit Offenheit und Ehrlichkeit wirst du diese Fragen klar beantworten können. Es kann Durchaus hilfreich sein, deinen Selbstwert auf einer Skala von 1 – 10 (1= ganz schwach, 10= höchst zufrieden) zu skizzieren.

Mit Hilfe dieser Skala wirst du deine Einschätzung möglicherweise besser wahrnehmen und einen gewünschten Veränderungsprozess einfacher einleiten können. Fragen wie »Wer bin ich?« werden dir auf deiner Lebensreise neue Perspektiven eröffnen, wenn du dich intensiv mit dieser Fragestellung beschäftigst. Hierzu hast du in diesem Buch schon einige Anregungen bekommen.

Selbstwert, Selbstbewusstsein und Selbstvertrauen sind Faktoren, die sehr eng miteinander verknüpft sind. Wenn einer dieser drei Werte vorhanden ist, sind die beiden anderen auch nicht weit weg.

Die Stärkung unseres Selbstwertes ist eine Lebensaufgabe, denn dadurch ist ein nahezu optimaler Umgang mit uns und unserem Umfeld gewährleistet.

Wenn ich mich so akzeptiere, wie ich bin, und mich mit meinen Stärken und Schwächen annehme, bin ich immer gegen jegliche Angriffe immun.

Schreibe bitte jetzt ganz spontan mindestens 10 Dinge auf, die du besonders an dir liebst. Was zeichnet dich in besonderer Weise aus? Sei mutig!

1____
2____
3____
4____
5____
6____
7____
8____
9____
10_______________________________________

Den eigenen Wert schätzen oder diesen Wert auch jederzeit neu definieren zu können, ist der beste Garant für ein zufriedenes und damit glückliches Leben.

Du kannst, wann immer du willst, die Entscheidung treffen, deinen Selbstwert mit neuen Erfahrungen zu stärken und weiterzuentwickeln.

Du hast die alleinige Verantwortung für deinen Selbstwert, mach das Beste daraus, denn du wurdest als einzigartiges Wesen geschaffen. Solltest du einmal das Gefühl haben, dass du einen Fehler gemacht hast oder dein Ziel aus den Augen verlierst, bestrafe dich nicht selbst und lehne dich nicht selbst ab.

Der Schmerz ist völlig überflüssig und hemmt dich nur in deiner weiteren Entwicklung. Negatives Denken bedeutet negative Gefühle und positives Denken bedeutet eben angenehme und positive Gefühle.

Bekenne dich zu dem, was gerade in diesem Moment ist und sonst gar nichts!

Vergeude die kostbare Zeit nicht, stehe dir nicht selbst im Weg und inspiriere jeden Menschen, dem du begegnest, mit einem Lächeln, und damit schenkst du ihm die ansteckende Lebensfreude.

Es gibt Milliarden von Momenten. Du kannst entscheiden, wie viel Bedeutung und welche Bedeutung der Augenblick in deinem Leben bekommt. Wir können sein, was wir wollen, und wir brauchen uns nichts vorzugaukeln, denn wir alleine treffen die Entscheidung.

Alles andere ist nur Energie- und damit Kraftverschwendung. Viele Menschen haben Vorbilder und Idole. Das finde ich auch absolut in Ordnung, denn die Geschichte hat uns schon viele Weisheiten und Anleitungen bedeutender Persönlichkeiten gezeigt.

Die Bedeutung für die Erfinder und Visionäre der Menschheitsgeschichte lässt die Begeisterung und damit auch die Motivation in uns für neue Ideen und Ziele aufkommen.

Allerdings macht der überwiegende Teil der Menschen den großen Fehler, sich mit anderen Menschen zu vergleichen, und setzt damit Maßstäbe, die zur Verwirrung führen. Vergleichen ist eine Maßnahme, die unsere Persönlichkeit und unseren inneren Wert in Bedrängnis bringt. Dadurch kann diese Haltung zu Minderwertigkeitskomplexen und damit zu schlechten Gefühlen führen. Also ist meine klare Aufforderung: »Stoppschild aufstellen, Vergleichen ist nicht erlaubt, schon gar nicht förderlich!«

Du kennst sicher genügend Beispiele, wenn du dich mal mit anderen Menschen vergleichst. Ich behaupte, dass du meistens nicht der Gewinner bist, weil du Personen auswählst, die wohl besser, intelligenter oder erfolgreicher sind als du. Es ist zumindest deine Auffassung! Aber genau in dieser Wahrnehmung liegt das Problem.

Die entscheidende Nebenwirkung ist, dass du dich durch diesen selbst gewählten Vergleich nicht gut fühlst. Mal wieder lassen wir zu, dass unsere Lebensenergie in die falsche Richtung geht. Wir verlieren etwas die Kontrolle und blockieren uns selbst. Da du diese Lektion jetzt gelernt hast, verzichtest du ab sofort auf den Vergleich!

Tatsache ist, und so wurde es uns über Jahrzehnte auch erzählt, dass wir uns mit unserem Selbstwert richtig wohl fühlen, wenn das Selbstbild, was wir von uns haben, im besten Fall genauso auch von den anderen Menschen, mit denen wir zusammenleben, gesehen wird. Dann fühlen wir uns bestätigt und glauben, dass wir auf dem richtigen Weg sind. In einigen Situationen können die Wahrnehmungen zutreffen, aber das ist nicht die Regel.

Vielmehr kommt diese Auffassung dem Selbstbetrug, der Selbsttäuschung und damit oft der Selbstzerstörung nahe. Wir sind dann auf Dauer eben nicht der, der wir wirklich sein wollen!

Die Devise lautet also: Loslassen, vergeben, Neuorientierung und den Mut haben, sich auf die Abenteuer einzulassen.

Meine feste innere Überzeugung ist, dass alle Menschen den gleichen Wert haben. Mit dieser Erkenntnis könnten wir einen Quantensprung machen und die Menschheit aus den anerzogenen Mustern herausreißen, wenn der größte Teil der Menschen dieser These folgen würde. Wir wissen, dass Kinder als Riesen geboren und dann zu Zwergen entwickelt werden. Sie wachsen mit Regeln und Zwängen auf. In dieser Zeit nimmt das Dilemma schon seinen Lauf, denn in der Kindheit trifft das nachhaltige Phänomen der Minderwertigkeit schon auf, weil das Kind sich mit älteren Kindern, Jugendlichen und insbesondere mit den Erwachsenen vergleicht. Hier brennt sich schon ein gewisses Abhängigkeitsgefühl ein, nicht nur die Körpergröße des Menschen sorgt für eine unumstößliche Hierarchie, sondern auch die Art der Kommunikation prägt die Entwicklung der Menschen.

Wir lernen die Machtstrukturen schon sehr früh in unserem Leben kennen und erfahren auch die entsprechenden Auswirkungen. Da läuft doch einiges in den ersten Lebensjahren völlig falsch, natürlich kommen sich die Begriffe Selbstwert und Selbstliebe sehr nahe, denn das eine ohne das andere ist nicht wirklich möglich. Nur wer sich selbst liebt, kann andere Menschen aufrichtig lieben.

Grundsätzlich darf die Liebe an keine Bedingungen geknüpft sein. Deshalb fordert sie nichts und erwartet auch nichts. Eindeutig verfügt die Liebe aber über die stärkste Energie im Universum.

Sich selbst zu lieben funktioniert nur dann, wenn wir uns so annehmen, wie wir sind. Es macht keinen Sinn, wenn wir an uns herumnörgeln, denn die Schattenseiten gehören genauso zu uns wie die Sonnenseiten. Sei dir also deinem Selbst bewusst. Wenn die

Liebe eine Gegenleistung verlangt, wird sie zum Tauschgeschäft und damit wird der Egoismus deutlich. Das wahre Geheimnis ist, dass Liebe immer mit dem Geben beginnt. Erst dann, wenn ich mich selbst lieben kann, ist es möglich, andere zu lieben.

Betrachten wir in diesem Zusammenhang kurz die Tugenden, die uns ständig aus dem Rhythmus bringen und uns aus der Bahn werfen. Umso wichtiger ist es, dass wir uns diese herumschleichenden Feinde und Manipulatoren genau anschauen, um diese endgültig auf die Reise zu schicken. Ein weit verbreitetes und gefährliches Phänomen ist Eifersucht, denn sie kann zur Selbstzerstörung führen und auch noch massiven Schaden an nahestehenden Menschen anrichten.

Zusammen mit Neid, Missgunst und Hass gehört dieses Merkmal zu den vier stärksten vernichtenden mentalen Giften, die der Mensch entwickeln und auch verinnerlichen kann.

Die Ergebnisse können existenzbedrohlich und beängstigend sein. Auswege und Lösungen gibt es in diesen durchaus bedrohlichen Lebensumständen nur selten, weil die Abwärtsspirale an Fahrt gewinnt und schwer zu stoppen ist.

Eifersucht ist ein deutliches Bekenntnis von forderndem, egoistischem und maßlosem Besitzen wollen. Für den betroffenen Verfolgten bedeutet es, dass er sich an einen Menschen gebunden hat, der mit zahlreichen Unzulänglichkeiten leben muss.

Eifersüchtige tun alles dafür, um andere an sich zu binden. Diese Menschen mobilisieren alle ihre Kräfte, um dieses Ziel und damit die geplante Abhängigkeit zu sichern. Leider erreichen sie mit dieser Vorgehensweise genau das Gegenteil. Liebe kann man eben nicht fordern, sondern nur geben. Wenn ich gebe, dann bekomme ich auch. Auch hier liegt die Kraft und Fähigkeit in dir und damit auch die Lösung. Manchmal ist es auch sinnvoll, ein paar Schritte zurückzugehen und eine neue Perspektive zu schaffen, um dadurch neue Chancen zu erkennen.

Selbstliebe, selbst wertvoll zu sein und Selbstvertrauen sind wohl mit die besten Voraussetzungen für ein glückliches, freies und erfüllendes Leben. Der überragende Nebeneffekt bei diesem ganzheitlichen Zustand ist, dass wir mit anderen Menschen in Resonanz gehen und diese das Gleiche erreichen können.

Von enormer Bedeutung ist es, welcher Überzeugung ich die Macht gebe. Der Schlüssel liegt also auch hier in dir selbst. Wenn du ein starkes Selbstwertgefühl in dir trägst, bist du überzeugt davon, dass du jede Lebensaufgabe meistern kannst. Ist dein Selbstwertgefühl eben nicht so stark oder gar schwach, dann fehlt dir eher die Überzeugung, dass du entsprechende Situationen in deinem Leben lösen kannst.

Die Ursache für die vorherrschende Haltung liegt häufig in der Kindheit und den erlebten Erfahrungen, die wir in unserer Umgebung gemacht haben. Hier liegt der Ursprung für unser zukünftiges Bewertungssystem. Daher ist es entscheidend, welchen Selbstwert du dir selbst gibst, und noch wichtiger ist es, dass du dich so akzeptierst, wie du bist. Nimm dich so, wie du bist, denn du bist einzigartig und es ist völlig gleichgültig, wie andere dich sehen. Die anderen sind auch einzigartig, lass sie auch so sein, wie sie sind. Vertraue dir und probiere alles aus was du wirklich willst. Die Erfahrungen aus diesen selbst gewählten Abenteuern sind immer ein Geschenk für dich und werden dein Selbst-Wert-Bild positiv verändern.

Programme und Prägungen aus der Vergangenheit gehören nicht ins Jetzt. Sei großzügig und leg den Ballast der Vergangenheit ab. Erlaube jedem Menschen, das zu sein, was er sein will, und lege damit den dauerhaften Grundstein für dein großartiges Selbstvertrauen und damit für die Selbstliebe.

Loslassen, vergeben und Neuorientierung sind die Zauberworte, die wahre Wunder vollbringen können. So steht der Gestaltung deines Lebens nichts mehr im Wege und die Möglichkeit der Erneuerung liegt nur in deiner Hand.

In dir liegt eine ungeahnte Kraft. Übernimm die Selbstverantwortung. Entdecke dich neu und lasse es einfach zu, immer wieder und immer wieder! Wenn du in deinem Herzen so denkst und sich dieses Gefühl auch bemerkbar macht, dann benötigst du keine Kontrolle deiner Gedanken, denn du bist auf dem richtigen Weg!

In meinem Leben habe ich Hunderte von Büchern gelesen und auch Hunderte Fortbildungen und Seminare besucht. Immer wieder konnte ich viele Informationen der unterschiedlichsten Art aufsaugen und auch umsetzen, nie wurde ich müde, das nächste Buch zu kaufen oder das nächste Seminar zu buchen. Seit meiner Kindheit fasziniert mich die Möglichkeit, immer wieder neues Wissen aus der unendlichen Quelle des Universums zu erfahren. Es ist wie bei einer Sportart, die man mit Freude, Ausdauer und Leidenschaft konsequent betreibt. Ich liebe dieses Hobby und begeistere mich immer wieder aufs Neue, wenn ich neues Wissen erfahren kann.

Die Autoren, Schriftsteller, Trainer und weltbekannten Persönlichkeiten haben hervorragende Werke geschrieben und vermitteln uns wertvolle Weisheiten und nie endendes Wissen. Sie bleiben uns mit ihren niedergeschriebenen Ratgebern in bester Erinnerung und unterstützen uns auf unserer Lebensreise.

Für mich persönlich gibt es ein Gedicht von einem Menschen, den jeder Leser sicher kennt. Die von ihm geschriebenen Zeilen berühren mich zutiefst und verdienen höchste Wertschätzung und Anerkennung. Es ist ein Fahrplan, der uns Kraft, Energie und Zuversicht in wenigen aber sehr beeindruckenden Zeilen vermittelt. Von Herzen wünsche ich mir, dass dieses Gedicht dir auch so viel Freude bereitet und dich in deinem weiteren Leben inspiriert. Bis heute zählt es zu den eindrucksvollsten Werken der Weltliteratur.

ALS ICH MICH WIRKLICH SELBST ZU LIEBEN BEGANN, erkannte ich, dass emotionaler Schmerz und Leid nur Warnungen für mich sind, gegen meine eigene Wahrheit zu leben. Heute weiß ich: Das nennt man **Authentizität!**

ALS ICH MICH WIRKLICH SELBST ZU LIEBEN BEGANN, habe ich verstanden, wie sehr es jemanden beschämt, ihm meine Wünsche aufzuzwingen, obwohl ich wusste, dass die Zeit nicht reif und dieser Mensch nicht bereit, und sogar, wenn ich selbst dieser Mensch war. Heute weiß ich, das nennt man **Respekt!**

ALS ICH MICH WIRKLICH SELBST ZU LIEBEN BEGANN, habe ich aufgehört, mich nach einem anderen Leben zu sehnen, und konnte sehen, dass alles um mich herum eine Aufforderung zum Wachsen war. Heute weiß ich, das nennt man **Reife!**

ALS ICH MICH WIRKLICH SELBST ZU LIEBEN BEGANN, habe ich mich von allem befreit, was nicht gesund für mich war, von Speisen, Menschen, Dingen, Situationen, und von allem, das mich immer wieder hinunterzog, weg von mir selbst. Anfangs nannte ich das gesunden Egoismus, aber heute weiß ich, das ist **Selbstliebe!**

ALS ICH MICH WIRKLICH SELBST ZU LIEBEN BEGANN, habe ich mich geweigert, immer weiter in der Vergangenheit zu leben und mich um meine Zukunft zu sorgen. Jetzt lebe ich nur mehr in diesem Augenblick, wo alles stattfindet. So lebe ich jeden Tag und nenne es **Vollkommenheit!**

ALS ICH MICH WIRKLICH SELBST ZU LIEBEN BEGANN, habe ich aufgehört, immer recht haben zu wollen, so habe ich mich weniger geirrt. Heute habe ich erkannt: Das nennt man **Bescheidenheit!**

ALS ICH MICH WIRKLICH SELBST ZU LIEBEN BEGANN, habe ich aufgehört, mich meiner freien Zeit zu berauben, und ich habe aufgehört, weiter grandiose Projekte für die Zukunft zu entwickeln. Heute mache ich nur, was mir Spaß und Freude bereitet, was ich liebe und was mein Herz zum Lachen bringt, auf meine eigene Art und Weise und in meinem Tempo. Heute weiß ich, das nennt man **Ehrlichkeit!**

ALS ICH MICH WIRKLICH SELBST ZU LIEBEN BEGANN, erkannte ich, dass mich mein Denken armselig und krank machen kann. Als ich jedoch meine Herzenskräfte anforderte, bekam mein Verstand einen wichtigen Partner, diese Verbindung nenne ich **Herzensweisheit!**

Wir brauchen uns nicht weiter vor Auseinandersetzungen, Konflikten und Problemen mit uns selbst und anderen fürchten, denn sogar Sterne knallen manchmal aufeinander, und es entstehen neue Welten.

Heute weiß ich: **Das ist das Leben!**

(Charles Spencer Chaplin 1889-1977)

Diese Zeilen wurden 1959 von dem einzigartigen Schauspieler, Autor und Regisseur Charles Spencer Chaplin geschrieben. An seinem 70. Geburtstag hat er dieses Gedicht veröffentlicht. In seinem Leben hat er Millionen von Menschen begeistert und tief bewegt.

Wenn dieses Gedicht dich genau so begeistert und bewegt wie mich, dann gib ihm einen besonderen Platz in deinem Leben. Auf jeden Fall solltest du ein Exemplar in dein persönliches Glücksbuch einbringen.

Die Entscheidung!

»Alles, was an Großem in der Welt geschah, vollzog sich zuerst in der Fantasie eines Menschen.« (Astrid Lindgren)

Ohne Mut zur Veränderung bleibt alles so, wie es ist. Deshalb leben die meisten Menschen ihr Leben auch so weiter wie bisher. Eigentlich tun sie, was sie nicht wollen, und trotzdem tun sie es. Wieso? Warum bleiben diese Menschen in ihrem Käfig?

Hier gibt es natürlich viele Gründe, die uns vor dem neuen Schritt abhalten.

Der jetzige Beruf ist ziemlich sicher, was man hat, weiß man eben. Es ist wichtig Rücksicht auf die Familie zu nehmen, zudem sind die finanziellen, mentalen und persönlichen Belastungen eh schon hoch und eigentlich hat man sich doch an einen gewissen Wohlstand gewöhnt.

Kommt dir das bekannt vor? Natürlich!

Hinzu kommt, dass aktuelle Umfragen zufolge jeder Zweite mit seinem Beruf unzufrieden ist und gerne einen anderen Job machen würde. Wenn es jemanden geben würde, der dir eine Garantie für die neue berufliche Ausrichtung verspricht, wäre die Entscheidung wesentlich einfacher. Stimmt's?

Da muss ich dich leider enttäuschen, denn den gibt es nicht und wenn, dann bist du es ganz alleine, der dies tun kann!

Wer Neues entdecken will, muss Altes loslassen. Derjenige, der neu denken möchte, muss alte Denkstrukturen aufbrechen. Ansonsten bleiben wir in unseren antrainierten Mustern stecken und rutschen immer tiefer in den Sumpf hinein.

»Das halte ich nicht mehr aus.« »Ich muss irgendwann eine Entscheidung treffen.« Das sind gute Ansätze, aber nur dann, wenn es keine Lippenbekenntnisse bleiben. Irgendwann werden sonst Blockaden in unserer geistigen, körperlichen und seelischen Struktur entstehen und dann ist das Jammern riesig. Sei also radikal und verändere dich und damit dein Leben.

Hattest du schon mal einen Gedanken, der dich voll inspirierte und den du mit Begeisterung und Freude umsetzen wolltest? Ja? Hast du es dann auch getan? Wenn ja, dann herzlichen Glückwunsch! Wenn deine Überzeugung aber noch nicht groß genug war und du bisher noch gezögert hast, dann machst du mit den Anregungen in diesem Buch entscheidende Fortschritte.

Immer wieder fordere ich dich auf, jede Idee, jeden Impuls, jeden Traum, eben alles, was dich wirklich begeistert, aufzuschreiben. Egal, wo du dich befindest, mach dir Notizen und übertrage diese in dein Glücksbuch. So hast du immer den Zugriff auf deinen Ideenreichtum und die ultimative Möglichkeit, die gewünschten und sich gut anfühlenden Ziele umzusetzen.

Am Anfang dieses Buches habe ich dir versprochen, dass wir beide sehr offen miteinander auf die Reise gehen und ich dir einiges aus meinem Leben anvertrauen und erzählen werde.

Es ist schon zutreffend, dass mein Leben bisher wie eine Achterbahn verlaufen ist, mit Höhen und Tiefen. Du wirst sagen, dass es so bei fast jedem Menschen ist, und damit hast du absolut Recht. Nur sind die Reaktionen bei jedem Menschen unterschiedlich und damit auch die Konsequenzen. Also gebe ich dir gerne einen wichtigen Rat. Jede Situation, die gemeistert werden möchte, sollte mit voller Fokussierung erfolgen. Sprich mit dir selbst, aber höre dir auch ganz genau zu und nimm wahr, wie es sich anfühlt.

Nach meinem Abitur fing ich an mit dem Studium und innerhalb von zwei Jahren wechselte ich die Fachrichtungen. Ich konnte mich einfach nicht entscheiden zwischen Bauingenieurwesen oder Betriebswirtschaft. Ich probierte zeitweise beiden Studiengängen gerecht zu werden.

Die Zeit an der Uni machte mich nicht so richtig glücklich. Ich hatte wenig Lust, das Jammern von zahlreichen Studenten zu ertragen, die über den Staat, die Rahmenbedingungen, die Politik, die Möglichkeiten und viele andere Themen meckerten. Bei mir schwand meine Motivation zunehmend. Ich zweifelte an meiner bisherigen Wahl und befasste mich mit möglichen Alternativen.

Mit 23 Jahren traf ich dann eine Entscheidung, die kein Mensch in meiner Familie und in meinem Umfeld verstand. Ich entschied mich für eine Ausbildung in der Versicherungsbranche, aber ich bekam eine Absage von dem Unternehmen, wo ich mich beworben hatte. Von zwölf Bewerbern war ich der Zweitbeste, aber es wurde nur ein Auszubildender eingestellt. Das passte mir nicht, aber es reichte eben nicht. Es wurde mir mal wieder einen Strich durch meinen Plan gemacht.

Ich studierte also noch weiter und fing an nebenberuflich Finanzdienstleistungen zu verkaufen. Parolen und gut gemeinte Ratschläge bekam ich von meinem Umfeld genügend zu hören, aber ich wollte mir eine Existenz aufbauen, wo ich meine Zeit frei gestalten konnte. Zudem war ich stolzer Vater und wollte gut für meine Familie sorgen.

Ich hatte zwar keine eindeutige berufliche Orientierung, aber ich spürte, dass ich Unternehmer werden wollte. Wenn meine Zeit es zuließ, jobbte ich in der Baubranche und verdiente mir das Geld, um meine Familie zu ernähren. Für die Selbstständigkeit war meine Motivation schon zu dieser Zeit ziemlich ausgeprägt.

Die Lawine war also losgetreten und die Vision Selbstständigkeit nahm konkrete Formen an. Meine Kritiker positionierten sich und nur ganz wenige Freunde bewunderten meinen Optimismus.

Viele waren in der Finanzbranche unterwegs und jetzt auch noch ich. Super. Es war eine bewegende und auch harte Zeit, aber davon sollte noch mehr kommen.

Meine Familie, meine Frau und meine beiden Söhne haben meine Kraftquelle immer auf einem hohen Level gehalten, sonst hätte ich vieles nicht so geschafft. Natürlich machte mich das Kopfschütteln und die Kritik meiner näheren Bekannten nicht froh, aber mein Entschluss für den unternehmerischen Weg wurde immer stärker. Die Zweifler machten mich sogar stark!

Ich ließ mich nicht mehr aufhalten, ich raste Hunderttausende von Kilometer durch Deutschland, besuchte Seminare, machte Weiterbildungskurse und habe mit Sicherheit mehr als 500 Bücher verschlungen. Wissenserweiterung hat für mich bis heute immer noch die höchste Priorität.

Du musst den Traum haben und den tiefen Glauben entwickeln, dir dein Ziel konkret vorstellen und dann mit Konsequenz und Entschlossenheit in die Umsetzung gehen.

Wenn du denkst, du kannst es, dann kannst du es! Es gibt nur zwei Möglichkeiten, warum etwas nicht funktioniert: erstens, nicht anzufangen und zweitens, zu früh aufzuhören!

Ich bin meinen Ideen und meinen Träumen gefolgt und habe immer wieder mein Potenzial abgerufen. Du kannst es ebenso! Tue es! Lebe begeistert und leidenschaftlich und lass dich nicht ablenken! Denke immer daran, du kannst es nie allen Menschen recht machen und wenn du dich noch so anstrengst. Viele Menschen verbringen enorm viel Zeit damit, anderen zu gefallen. Ihr Fokus konzentriert sich darauf, keine Fehler zu machen und keine Kritik zu ernten. Leider endet dieses Verhalten oft in einem Hamsterrad und wird zu einer Einbahnstraße.

Mein klares Statement ist, dass andere Menschen grundsätzlich kein Maßstab für dich sind. Du lebst dein Leben und dafür bist du verantwortlich! Es ist alleine deine Entscheidung, was für dich richtig oder falsch ist. Du hast die freie Wahl! Nutze dieses Geschenk. Höre auf dein Herz, lausche in dich hinein und vertraue deiner inneren Stimme, denn dort liegt deine Königsdisziplin, die dich vertrauensvoll leitet. Was die anderen dir sagen, ist zweitrangig und sollte genau geprüft werden.

In diesem Zusammenhang passt diese arabische Geschichte:

Ein Vater reitet auf einem Esel und neben ihm läuft sein kleiner

Sohn. Da sagt ein Passant empört: »Schaut euch den an. Der lässt seinen kleinen Jungen neben dem Esel herlaufen.«

Der Vater steigt ab und setzt seinen Sohn auf den Esel. Kaum sind sie ein paar Schritte gegangen, ruft ein anderer: »Nun schaut euch die beiden an. Der Sohn sitzt wie ein Pascha auf dem Esel und der alte Mann muss laufen.«

Nun setzt sich der Vater zu seinem Sohn auf den Esel. Doch nach ein paar Schritten ruft wieder ein anderer empört: »Jetzt schaut euch die beiden an. So eine Tierquälerei.«

Also steigen beide herab und laufen neben dem Esel her. Und sogleich sagt ein anderer belustigt: »Wie kann man doch nur so blöd sein. Wozu habt ihr einen Esel, wenn ihr ihn nicht nutzt.«

Du siehst also sehr eindrucksvoll, dass du es keinem Recht machen kannst und du alleine die Entscheidung so treffen musst, wie es dir am besten gefällt.

Die meisten Menschen sind einfach nur Besserwisser und interessieren sich nicht wirklich für dich. Wirkliche Freunde bewundern deine Entscheidung und motivieren dich, mutig zu sein! Achte einmal darauf bei den täglichen Begegnungen und erkenne, was da passiert. Mit der vollen Aufmerksamkeit wirst du großartige Erkenntnisse ableiten. Sei dankbar für jede Begegnung, aber nimm nur die Impulse auf, die dich für dein Leben begeistern.

Dein Glaube bestimmt deine Realität

»Lass dich nicht unterkriegen, sei frech und wild und wunderbar!«
(Astrid Lindgren)

Du hast längst gemerkt, dass Energie, Kraft, Träume, Potenzial und Visionen immer wieder in diesem Buch auftauchen.

Selbstverständlich ist das auch so gewollt. Wenn wir immer nur reden, passiert leider keine Veränderung in die gewünschte Zukunft. Vielmehr ist klares Handeln gefragt, um das unbegrenzte Potenzial der Energie zielgerichtet einzusetzen.

Es gibt einfach zu viele Menschen, die mehr Zeit darauf verwenden für das, was nicht funktioniert, als solche, die voller Begeisterung Experimente nutzen, um faszinierende Ergebnisse zu erzielen. Solange dein Bewusstsein sich dagegen wehrt, etwas für möglich zu halten, solange ist es auch blockiert.

Bei vielen Menschen ist zwar das Gefühl da, dass irgendetwas nicht stimmt, aber bei dieser Wahrnehmung bleibt es dann meistens auch.

Wir brauchen eine Art neues Engagement und müssen möglicherweise auch etwas aufgeben, wenn wir etwas verändern wollen. Nur so machen wir neue Erfahrungen und erzeugen Resonanz bei den Menschen, die ähnliche Wege beschreiten.

Alles ist Geisteshaltung. Entscheide dich, was du aus dem Katalog des Universums haben willst. Was du denkst, ziehst du unweigerlich an. Hier wirkt das Gesetz der Anziehung. Visualisierung und Imagination sind optimale Werkzeuge. Wenn du deinen Kindern sagst, dass du dir etwas nicht leisten kannst, dann ziehst du das an und deine Kinder tun das dann auch. Dein Denken sorgt für die Verwirklichung und beeinflusst auch dein direktes Umfeld, ob du willst oder ob du es nicht willst! Also wähle die Formulierungen, die dich fördern und begeistern und lasse dich nicht aus der Spur bringen.

Der Italiener Guglielmo Marconi ist einer der bedeutendsten Erfinder der Weltgeschichte. Er gilt als Pionier der Funkübertragung über große Entfernungen. Im Jahre 1909 erhielt er den Nobelpreis, weil er es schaffte, Funkwellen 3200 Kilometer weit über den Atlantik zu schicken. Als er das erste Mal mit seiner These an die Öffentlichkeit ging und behauptete, dass eine drahtlose Übertragung von Energiefrequenzen möglich ist, erklärten die Menschen ihn als total verrückt.

Als er dann auch noch an das italienische Post- und Telegrafenministerium schrieb und dort seine Idee der drahtlosen Telegrafie präsentierte, wollte man ihn tatsächlich in die Irrenanstalt schicken.

»Jeder weiß doch, dass dies absolut unmöglich ist«, sagten die Skeptiker und Zweifler und machten sich über die Experimente lustig, die er auf dem Dachboden seiner Eltern durchführte. Marconi hatte die Realisierung in seinem Kopf längst verankert und glaubte fest daran, dass er seinen Traum in die Realität umsetzen würde. Er ließ sich von keiner Macht der Welt von seiner grandiosen Idee abbringen und schaffte es, seinen Traum zu realisieren.

Du kennst sicher genügend Beispiele, wo Menschen mit ihren Ideen belächelt wurden, und du kennst auch die Resultate, die erzielt wurden. Es geht natürlich nicht nur um die großen Erfindungen, sondern es geht darum, dass du alles schaffen kannst, wenn du daran glaubst.

Das Gesetz der Anziehung ist wie ein Magnet. Wenn du dieses Geheimnis nutzt, dann wirst du ein wundervolles Leben führen.

Der Glaube und die feste Überzeugung setzen deinen Geist und deine Energie in Bewegung. Fühle dich schon so, als ob du die Bestellung schon in Empfang genommen hast.

Entscheidend ist zu wissen, dass es klappt, auch wenn du nicht weißt, wie. Aber das Wie wird es für dich herausfinden. Das Gefühl, »ich weiß genau, dass es schon auf dem Weg ist«, setzt die Verwirklichung in Gang.

Es kann nicht oft genug wiederholt werden, aber dein Glaube bestimmt deine Lebensqualität. Du darfst dir nicht erlauben, dass du dich von Deinem Weg abbringen lässt und wenn, dann nur als kurzer Umweg, um dann wieder in die wachstumsorientierte Spur zu kommen.

Wenn Menschen über dich reden oder an dir zweifeln, solltest du nicht sauer sein, sondern dich nur lächelnd wundern. Diese Menschen haben wahrscheinlich nur Angst davor, dass du dein Leben auf eine andere Art leben wirst, wie sie es eben nicht wollen. Sie haben Angst, dass du sie überholen könntest und hinter dir lässt. Wenn du ständig Rücksicht auf andere nimmst, wirst du wahrscheinlich nie so richtig glücklich. Lasse diese Menschen in ihren Glaubensmustern stecken. Optimisten, glückliche und strahlende Menschen werden oft als nicht normal angesehen, denn sie passen nicht in diese bewegende Zeit. So weit sind wir schon gekommen. Es ist ein Desaster.

Glaube an deinen Traum und hüte ihn wie deinen Augapfel. Was Andere von dir erwarten, ist zunächst völlig uninteressant, denn es sind die Erwartungen der anderen. Diese Haltung ist sicher nicht immer einfach, aber sie lohnt sich, denn nur so wirst du wachsen und dich erheblich weiterentwickeln.

Du kennst vielleicht den Film »Das Streben nach Glück« mit Will Smith. Ich hoffe es, ansonsten solltest du ihn dir ansehen.

Es gibt in diesem Film eine sehr aussagekräftige und beeindruckende Szene, die uns ein Paradebeispiel aus dem Leben präsentiert. In seiner Rolle als Chris spielt Will Smith zusammen mit seinem Sohn Christopher (seinem Sohn Jaden im wahren Leben) Basketball. Der Sohn Christopher spielt nicht nur mit großer Freude und Begeisterung, sondern er spielt auch sehr gut.

Sein Vater erkennt das natürlich sehr schnell und schaltet plötzlich auf Überlebensmodus. Er möchte unbedingt, dass sein Sohn glücklich ist, und deshalb will er ihm auch mögliche Rückschläge und Enttäuschungen ersparen. Insofern ist er überzeugt, dass sein Sohn immer auf der sicheren Seite steht. In diesem Moment sagt er deshalb zu ihm: »Also, ich weiß nicht so recht. Du wirst wahrscheinlich so gut, wie ich es auch früher war. So ist das meistens und ich selbst war nur unterer Durchschnitt. Das heißt also, dass du es unterm Strich auch nicht so weit bringen wirst. Also wirklich, du hast bestimmt viele andere Talente, nur das Basketball spielen hier nicht. Ich möchte nicht, dass du Tag und Nacht mit dem Ball durch die Gegend rennst, verstanden?«

Du ahnst, was jetzt passiert!? Es ist klar, aber auch unfassbar. Schlagartig ist Christopher die Enttäuschung in Person und das von einer Sekunde auf die nächste! Er wirft den Ball weg und packt ihn – genau wie seine Träume – in eine Plastiktüte. Plötzlich wird seinem Vater klar, dass er einen großen Fehler gemacht hat, denn er hat seinen Sohn in vollem Lauf und in seiner Freude gestoppt. Er hat wie ein verbissener Kontrolleur gehandelt, anstatt seinen Sohn bei seinen Talenten und Träumen zu unterstützen, egal, welche Widerstände es auch gibt.

Doch dann passiert etwas Wunderschönes und man kann sofort sehen, wie die Liebe für seinen Sohn Christopher seine Angst überwindet und dann sagt Chris zu seinem Sohn: »Hey, lass dir von niemandem je einreden, dass du etwas nicht kannst. Auch nicht von mir. Ok? Wenn du einen Traum hast, musst du ihn beschützen! Wenn andere was nicht können, so wie ich eben, wollen sie dir immer einreden, dass du es auch nicht kannst. Wenn du also was willst, dann mach es. Basta!«

Ich möchte dich immer wieder auffordern und ermutigen, dein Leben so zu gestalten, wie du es wirklich willst. Es ist doch dein Leben, alle anderen Leben sind schon vergeben.

Zeige dich endlich und zeige, was du wirklich für ein Wesen bist. Sei einfach nur der, der du sein willst, denn dann bist du auf dem Königsweg!

Dein Unterbewusstsein ist ein echter Schatz

»Die Erkenntnis, dass das Unterbewusstsein durch Gedanken gelenkt werden kann, ist vermutlich die größte Entdeckung aller Zeiten.« (William James, US-Psychologe)

Wir wissen doch sehr genau, dass negatives Denken auch negative Gefühle verursacht. Genauso ist es, wenn wir positive Gedanken hervorzaubern, dann entstehen angenehme Gefühle.

Also ist es doch notwendig, den Teufelskreis des negativen Denkens zu durchbrechen. Bekannte Stimmungskiller sind Sorgen, Stress, Ärger und Misserfolge. Sie machen uns das Leben schwer.

Wenn wir uns mit unserer ganzen Weisheit und Intelligenz und unserer Begeisterung auf das Hier und Jetzt konzentrieren, sind wir auf das Morgen bestens eingestellt.

Dale Carnegie formulierte es sehr zutreffend: »Wir alle träumen von einem verzauberten Rosengarten hinter dem Horizont, statt uns über die Rosen zu freuen, die heute vor unserem Fenster blühen.«

Wir alleine entscheiden, ob wir uns in einen Teufelskreis begeben oder ob wir die Weichen so stellen, dass wir damit nichts zu tun haben. Finde heraus, warum bei dir Stress, Ärger oder Sorgen auftreten. Meist sind es Menschen in deinem Umfeld, die dich so antriggern, dass diese beklemmenden Situationen entstehen. In diesen Momenten lässt du zu, dass diese Menschen einen sensiblen Knopf bei dir drücken und du dann die Kontrolle über dich verlierst. Entscheide dich bewusst, ob du diese Giftkapseln einnimmst oder ob du dir ein Ventil entwickelst, damit du erst gar nicht in diesen Kreislauf hinein rutschst.

Das konsequente Führen deines Erfolgstagebuches hält für dich immer genügend Kraftimpulse bereit, also pflege es sorgfältig und du hast in jeder Minute deines Lebens eine zauberhafte Lösung parat.

Die niedergeschriebenen Erfolgserlebnisse werden zu einem kostbaren Lebenslexikon. Schreibe alles auf, was bei dir Glückmomente ausgelöst hat. Beschreibe diese Erlebnisse mit allen Sinnen, die du wahrgenommen hast, und mache damit diese Schätze sichtbar. Dieses Glücksbuch ist nicht nur ein Datenspeicher, sondern auch ein Akku, der dir jederzeit Energie und dadurch Lebenskraft zur Verfügung stellt.

Wir haben die freie Wahl und damit auch die Macht, die Informationen und Fakten zu bestimmen, die wir in unseren Biocomputer eingeben.

Unser Glaube und unsere Überzeugungen kontrollieren und steuern unser Denken und damit unseren Körper.

Bruce Lipton, einer der bekanntesten Zellforscher, erzählt von einem beeindruckenden Aha-Erlebnis. »Plötzlich erkannte ich, dass das Leben einer Zelle durch ihre physische und energetische Umgebung bestimmt wird und nicht etwa durch ihre Gene.« Die neue Wissenschaft der Epigenetik geht davon aus, dass es eine Kontrollinstanz gibt, die über den Genen liegt.

Insofern führt die Veränderung unserer Reaktion zur Veränderung unseres Schicksals.

Wir dürfen getrost feststellen, dass wir unser eigenes Verhalten nicht vollumfänglich wahrnehmen. Deshalb heißt es auch unbewusst oder auch unterbewusst. Du selbst sein ist der erfüllende Weg. Die Harmonie mit sich selbst ist die höchste Erfüllung. Wenn du diese Weisheit verinnerlicht hast, dann erschaffst du selbst deine Lebensumstände. So bedeutet das folgerichtig, dass die unbewusste Handlung die Gewohnheitsabläufe bemüht und die bewusste Handlung immer in der Gegenwart stattfindet.

Wenn wir das Gefühl haben, dass wir in einer Krise stecken, sollten wir ganz genau prüfen, was uns diese Wahrnehmung sagen möchte. Grundsätzlich bedeutet eine Krise auch eine Wende in unserem Leben, wenn wir sie erkennen. Hier gibt es doch einige intelligente Helfer, die für uns jederzeit startbereit sind, wenn wir sie mit ins Boot nehmen.

Beispiel: Wenn es uns gelingt den Kanal der Intuition zu öffnen, dann können wir uns auch der schöpferischen Intelligenz bedienen. Manchmal wird das Phänomen nicht sofort wahrgenommen, weil es sich durch den ganzen Informationsspeicher durchmanövrieren muss, aber wenn wir das Tor zum Unterbewusstsein angetriggert haben, ist die Chance sehr groß, dass ein passendes Ergebnis folgt.

Es ist so, als würden wir ein Pflänzchen säen und eine Woche später sprießt es aus der Erde, denn dann hat es sich den Weg gebahnt und die schöpferische Schatzkammer verlassen.

Unser Verstand ist der größte Verhinderer auf dem Weg zur Veränderung, aber unsere Gedanken können unsere Welt verändern. Gedanken sind wie lebendige Wesen zu verstehen, die danach streben, das Gedachte in die Realität umzusetzen.

Da der Verstand aber eine gewisse Arroganz, Überheblichkeit und Selbstherrlichkeit hat, torpediert er routinemäßig die Gedanken, die ihm nicht gefallen, weil er die neuen Impulse auch nicht kennt.

Die anerzogenen Verhaltensmuster und Prägungen gewinnen die Überhand und haben oft dadurch auch die Macht. Kinder sind aus diesen Gründen eben auch für ein Leben lang in dieser Machtstruktur gefangen, weil die Eltern die freie Entwicklung gebremst haben. Das muss nicht zwangsläufig von den Eltern bewusst gewollt gewesen sein, denn auch sie sind in der gleichen Mühle so gemacht worden.

Die antrainierten Muster sind wie in Stein gemeißelt. Oftmals oder grundsätzlich müssten Kinder von ihren Eltern befreit werden, um dann ihre eigene Identität zu finden.

Ansonsten kann es passieren, dass die Kinder ein Leben lang in ihren Denkgewohnheiten gefangen sind. Wir können häufig beobachten, dass Eltern mit ihrem Kind zum Psychotherapeuten gehen, alle Nachteile ihres Kindes dort aufzählen und auch noch in der Sprechstunde ihre Macht über ihre Zöglinge ausspielen.

Es sind Formulierungen wie:

»Ich habe es doch immer gewusst, dass es nichts mit ihr wird.«

»Sie macht einfach nicht, was ich ihr sage.«

»Sie will mit dem Kopf durch die Wand.«

»Das Kind geht mir auf die Nerven, bringt mich an den Rand des Wahnsinns, wo bleibe ich? So geht es nicht weiter, ich stecke sie ins Heim, warum ist sie nur so dumm, usw.«

Du kennst solche Aussagen und hast bestimmt noch viel härtere Formulierungen gehört. Ich kann nur betonen, dass diese Situationen nahezu alltäglich vorkommen und die permanente Hektik- und Stresserzeugung potenziert diese kritischen Verhältnisse nochmals.

Manchmal wäre es besser, wenn nicht sogar unabdingbar, dass die Eltern zuerst in die Werkstatt geschickt werden müssten, anstatt die Kinder als Opfer in die Reparatur zu befördern. Ist das für dich nachvollziehbar oder gar übertrieben?

Auch bei dieser Vorgehensweise der Eltern spielt der Verstand die Hauptrolle, hinterfragt nicht und geht den Weg des geringsten Widerstandes.

Unser Kopf ist eben der Katastrophenspeicher und der Verstand hat die Kontrolle darüber.

An anderer Stelle dieses Buches habe ich schon öfter erwähnt, dass wir unsere Lebensreise genießen können, wenn wir es aus tiefsten Herzen wollen. Wir müssen dafür sorgen, dass wir den Blick und die Verbindung in unsere innere Kraftzentrale immer wieder mobilisieren und aktivieren. Ansonsten laufen wir Gefahr auf einer Ebene der Oberflächlichkeit zu landen und damit die Geschenke des Lebens dauerhaft zu ignorieren.

Das Leben ist voller interessanter Geheimnisse, befreie deinen

Geist und entdecke die wahren Schätze in deinem Inneren. Und denke daran, dass das Leben ein lebenslanger Prozess ist. Die Verantwortung liegt nur in dir!

Lasse dir Zeit und sei geduldig. Manches braucht seine Zeit so wie die Frucht und der Samen im Boden seine Zeit benötigt. Ungeduldig auf der Erde hin- und her springen fördert zwar die Fitness, aber der Frucht im Boden ist es völlig egal. Merke dir; das Gras wächst auch nicht schneller wenn man daran zieht. Die besten Ergebnisse sind nicht direkt sichtbar! Vertraue dem Geschenk der Natur und beobachte deren Gesetzmäßigkeiten. Sie macht es uns vor und ist immer ein vorbildlicher und großartiger Wegweiser, denn sie ist unser Lehrmeister und immer darauf ausgerichtet, die Balance herzustellen.

Beginnen wir also damit, unsere emotionalen Rucksäcke zu leeren und allen Ballast, der uns bisher blockiert hat über Bord zu werfen. Stelle dir bildlich vor, wie es ist, wenn dein Rucksack leichter wird und du die ganzen Koffer voller Müll wegwirfst. Du fühlst dich von Tag zu Tag besser und deine Lebensqualität wird sich spürbar verbessern, weil du deine Konzentration wieder auf die tief sitzenden Sehnsüchte ausrichtest. So werden ungeahnte Kräfte mobilisiert, um im Abenteuer Leben weiter zu wachsen.

Unseren materiellen Reichtum sollten wir behutsam, weise und konstruktiv einsetzen, aber wir dürfen nicht Sklave unserer Güter und unseres Besitzes werden, denn diese sind nur zum Gebrauch da und haben nur den Sinn, uns Freude zu bereiten. Genau betrachtet besitzen wir eigentlich nichts wirklich, denn zu irgendeinem Zeitpunkt geben wir alles wieder ab.

Vielleicht überrascht dich diese Aussage ein wenig, aber wenn du einmal genauer darüber nachdenkst, wirst du sie bestätigen.

Leider definieren sich zu viele Menschen über ihren Besitz und deshalb gibt es wohl die Kluft zwischen arm und reich, Macht und Unterdrückung und fehlende Gerechtigkeit. Das ist ein echtes Dilemma, denn grundsätzlich sind wir alle voneinander abhängig.

Trenne dich von dem, was überflüssig ist. Definiere dich nicht über deinen Besitz, denn dieser führt nicht automatisch zum Glück. Wir besitzen durchschnittlich mehrere tausend Gegenstände und diese erzeugen eine gewisse Machtlosigkeit und gleichzeitig auch gewisse Angstgefühle, diese Dinge wieder zu verlieren. Hier entsteht ein Spannungsfeld, das unser Gleichgewicht beeinflusst. Würden sich diese Gegensätze auflösen, würden immer mehr Menschen Wohlergehen und Glück erfahren. Wenn Frieden, Liebe und Freude mich vitalisieren, dann empfinde nicht nur ich Glück, sondern ich infiziere auch andere Menschen mit diesem wohltuenden Gefühl.

Besitz bedeutet also nicht zwangsläufig Reichtum. Wenn wir loslassen und damit frei sind für neue Erfahrungen, werden wir unsere Persönlichkeit wirklich entdecken. Richte deinen Fokus auf die täglichen Glückserlebnisse aus. Das ist eine entscheidende und wirklich erfüllende Botschaft!

Übernimm die Initiative für dein Leben. Du kannst die Frequenz deines Lebens wählen und du entscheidest, welches Schwingungsmuster in dir aktiv ist. Stell dir kurz vor, welche Programme ein Fernseher bevorratet. Alle 1000 Programme laufen, aber du kannst nur den Kanal wählen, den du sehen willst. Diese Möglichkeit ist doch genial, es laufen mehr als 1000 verschiedene Frequenzen und jeder Mensch kann wählen, was er möchte. So ist es auch bei dir!

Wenn dein Kopf, dein Herz und deine Gefühlswelt im Gleichklang sind und harmonieren, wird sich die positive Veränderung zügig einstellen.

Das Unterbewusstsein hat natürlich auch Einfluss auf das Lebensthema »Alter« und die damit verbundenen Begleiterscheinungen. Dieses Wort gehört zu den meinst benutzen Vokabeln und ist ein wahrer Dauerbrenner. Deshalb betrachten wir auch die möglichen Auswirkungen auf diesen Lebensabschnitt.

Die klare Aufforderung lautet: »Achte auf deine Worte, sie werden zur Wahrheit! Dein Unterbewusstsein nimmt dich immer beim Wort.«

Wenn du von Jahr zu Jahr immer wieder davon sprichst, dass du älter wirst und deine Kraft zunehmend abnimmt, dann wirst du erleben, dass die selbsterfüllende Prophezeiung wahr wird. Sicher hast du schon oft gehört, wenn Menschen ihren 50., 60. oder 70. Geburtstag feiern, dass die Feststellung in dem Zusammenhang getroffen wird, dass die Menschen Mitte des 19. Jahrhunderts mit 50 Jahren alte Menschen waren und auch dementsprechend ausgesehen haben.

Diese Wahrnehmung stimmt, zumal die Kriegszeiten schmerzhafte Wunden hinterlassen haben und die Menschen aus diesem Teufelskreis nicht mehr herauskamen. In den folgenden Jahrzehnten wurde Nachkriegsgeborenen ein schlechtes Gewissen gemacht, dass es den Menschen heute besser geht als damals. Leider befinden sich immer mehr Menschen in dieser Teufelsspirale und arrangieren sich mit diesen Botschaften.

Denke daran, unser Unterbewusstsein speichert alle Wahrnehmungen und Informationen ab und erzielt dadurch auch entsprechende Wirkungen und Ergebnisse. Das Ergebnis zeigt sich in dem Zustand unseres Daseins.

Ich möchte es knallhart formulieren und deutlich in dein bewusstes Sein hämmern, auch wenn du zunächst zweifeln wirst.

Das Leben selbst wird niemals älter! Basta!

Glaube, Vertrauen, Dankbarkeit, Freude, Wohlwollen, Lachen und Inspiration haben rein gar nichts mit dem Alter zu tun! Das wahre Leben will immer durch dich hindurch auf höhere Ebenen gelangen und auch sichtbar werden. Es spielt also keine Rolle, ob du 10 oder 80 Jahre alt bist. Lausche auf deine innere Stimme und folge deiner geistigen Inspiration. Das ist Teil unserer Lebensprinzipien!

Jeder Fähigkeit liegt ein Prinzip zugrunde, dass du lernst oder lernen wirst. Beherrschst du es, wird es automatisch aktiv. Gutes wird Gutes und Mangel wird zu Mangel, entscheidend ist, was du denkst.

Wenn du an Gott glaubst, dann hadere nicht mit Pflichten, die du früher mal lernen musstest. Du kannst sicher sein, dass Gott immer will, dass du im Wohlstand lebst und auch Erfolg beanspruchen kannst. Gott möchte, dass du nach Wachstum und Erfüllung strebst. Wenn du nicht an Gott glaubst, dann gilt das Vorgenannte ebenso und ist Auftrag deines Schöpfers.

Gesundheit, Friede, Sicherheit und Lebensfreude sind Privilegien, die dir von Geburt an zustehen. Alle anderen abergläubischen Gesetze kannst du getrost vergessen!

Denke daran, dein Unterbewusstsein macht das, woran du glaubst. Also glaube an das, was dich glücklich und zufrieden macht! Dementsprechend wird das Ergebnis aussehen! Alles andere ist Zeitverschwendung und damit Lebensverschwendung.

Nutze die geniale Kraftquelle deines Unterbewusstseins, entdecke die grenzenlosen Möglichkeiten, lasse dich ein auf die Unterhaltung mit dieser sprießenden allumfassenden Informations- und Gefühlsquelle. Und wenn du möchtest, gib deinem Unterbewusstsein einen motivierenden Name, um das Rendezvous mit diesem Phänomen zu intensivieren. Denke bitte daran, es geht immer nur darum, dass du dich selbst erkennst, und nicht darum, dich zu bewerten. So wie du bist, bist du genau richtig!

Du kannst entscheiden, dass du strahlend in den Spiegel schaust und dir Komplimente machst. Es liegt an dir zu sagen: »Hallo, du, du siehst klasse aus.« Mit der Zeit bekommst du darin Übung und deine Ausstrahlung bleibt auf einem hervorragenden Niveau. Verpasse nicht die einmalige Chance und glaube an dich selbst und damit an deine innere Kraft, die wirklich Wunder wirkt. Zweifle nie an deinem Lebenserfolg und vertraue der unendlichen Weisheit.

Alles, was je erfunden wurde, existierte vorher im Geiste des Erfinders. Dort war es bereits Realität. Im Geist gibt es immer einen Plan, egal, ob du Künstler, Architekt, Verkäufer, Handwerker oder Selbstständiger bist.

Um dieses Buch zu schreiben, entstand schon vor vielen Jahren eine Idee und ein Plan in meiner Vorstellung und zwar mit den Inhalten, die ich nun step by step zusammengefügt habe. Alles, was du träumst oder dir vorstellst, ist schon geistige Realität.

Mit der starken Überzeugung kannst du den Status deines Glaubens ändern und dadurch eine neue Wirklichkeit schaffen.

Gefühlshaltungen prägen sich tief im Unterbewusstsein ein und greifen natürlich auch auf den Körper über. Vermeide also Hass, Eifersucht, Neid und alles, was nicht gut ist, denn es kommt zu dir zurück.

Vergebung ist der Schlüssel zu noch mehr Lebensfreude. Die Macht des Negativen verdient keinen Platz in unserem Universum, denn diese negative Haltung in unserem Leben basiert auf einem Glauben, der etwas für wahr hält, was schlicht und einfach nicht wahr ist.

Wir können durch unser Denken das geschehen lassen, was uns und damit auch unseren Mitmenschen gut tut. Im englischen Sprachschatz bedeutet LIVE leben und wenn ich das Wort LIVE von rechts nach links lese, dann entsteht das Wort EVIL, böse. So bedeutet doch Böses, dass wir rückwärts leben und nicht vorwärts. Interessant ist das schon oder?

Also entscheiden wir doch, wie und warum wir auf die Bremse treten, um rückwärts zu gehen, oder wann wir auf das Gaspedal treten, um das Leben in vollen Zügen zu genießen. Ist das nicht eine wunderbare Erkenntnis?

Oft taucht in meinen Seminaren und Coachings die Frage auf, wie ich meine individuelle Realität und meine wirkliche Bestimmung denn erreichen kann.

Die Antwort darauf ist natürlich nicht ganz so einfach und ziemlich komplex. Grundsätzlich ist alles, was wir sind und erleben, Energie und diese Energie setzt alles in Bewegung, egal, in welche Richtung sie gelenkt wird. Das ist schon mal eine wichtige Erkenntnis. Wo setzen wir aber unsere Energie ein und woher erhalten wir die Impulse? Eine wesentliche Rolle spielt auch hier das Unterbewusstsein, denn dieses Phänomen läuft ständig auf Hochtouren und ist der entscheidende Motor zur Verwirklichung der gewünschten Zustände. Das Bewusstsein spielt für den Verursacher eine weniger bedeutende Rolle und hier erfolgt auch keine sonderlich gezielte Abwägung. Dennoch hängt der wahre Wert des Lebens vom Bewusstsein ab, ohne es wären wir nichts. Allerdings bedeutet unser Bewusstsein nicht Verstand. Vielmehr können wir es uns so vorstellen, dass, wenn unser Verstand die Glühbirne ist, dann wäre das Bewusstsein die Elektrizität, die die Glühbirne zum Leuchten bringt. Kompliziert? Komplex? Mag sein, aber dieser Ansatz reicht zur Erklärung erst einmal aus.

Unser Bewusstsein ist vergleichbar mit einem inneren Licht, das immer vorhanden ist. Es bestimmt somit die Qualität unseres Lebens. Hier sitzt die Zentrale für unsere Wahrnehmung. Folglich verändert ein trübes Bewusstsein unsere Wahrnehmung in die negative Richtung und ein klares Bewusstsein verändert unsere Wahrnehmung in die positive Richtung. Du musst es auch nicht unbedingt erklären können, aber es ist gut, wenn du anderen Menschen erklären kannst, warum du dich so schnell verändert hast. Mehr nicht!

In dem Moment, wo du beispielsweise einer Blüte die volle Aufmerksamkeit schenkst, wird dieser Moment zu einer geheimnisvollen, unbeschreiblichen, großartigen und eigenen Welt.

Alles, was im Augenblick aktiv ist, ist uns bewusst. Unser Unterbewusstsein ist die Summe aller unserer Erinnerungen, Einstellungen, Vorstellungen und Erfahrungen, die im Moment nicht aktiv sind. Alle akustischen und visuellen Reize werden aufgenommen. Durch mentale Mechanismen können wir die Kraft unseres Unterbewusstseins aber optimal nutzen.

Grundsätzlich beginnt alles zunächst in unserem Kopf. Hier beginnt es mit dem Gedanken und hier ist der Start für eine mögliche neue Projektion. Dies kann als Bild, als Szene, als Film oder als eine bestimmte Situation oder auch als Ergebnis oder auch als Zielbild erfolgen. Die klare Vorstellung ist die absolut notwendige Voraussetzung, ansonsten geht gar nichts! Und hier macht Übung den Meister! Realisieren kannst du aber nur dann die Vorstellung, wenn es eine klare Absicht dafür gibt! Ich werde es erreichen, ich werde es tun und es wird so sein!

Während dieses strategischen Vorgangs schaltet sich das Unterbewusstsein ein, stellt völlig unbemerkt die Weichen und prüft, ob die Realisierung machbar ist. Dabei kommen unsere bisherigen Verhaltensmuster, Glaubenssätze und Überzeugungen auf den Prüfstand.

Alle Erfahrungen und Prägungen, alles, was emotional abgespeichert ist, alle diese Zustände werden wie in einem schnell laufenden Film abgescannt und geprüft. So kann das Unterbewusstsein ein echter Schatz für deine Lebensreise und die dazugehörenden Entscheidungen sein.

Im nächsten Kapitel werden wir uns mit diesem Thema noch einmal ergänzend befassen und einige wesentliche Erkenntnisse erfahren.

Hinweis: Dieses Thema wird in einem mehrtägigen Seminar, »Positive Change«, ausführlich behandelt. Nähere Infos kannst du gerne anfordern.

Mentales Training, Entspannung und Meditation – Wege aus dem Hamsterrad

»Ruhe zieht das Leben an, Unruhe verscheucht es.«
(Gottfried Keller, Schweizer Dichter 1819- 1890)

Nahezu alle Menschen beklagen sich über die Schnelligkeit unseres Lebens. Natürlich ist es so, dass wir ständig den Fuß auf dem Gaspedal haben und dann häufig nur noch Vollgas geben. »Die Schnellen schlagen die Langsamen« und viele weitere Parolen werden uns eingehämmert und diese Manipulation zeigt auch ihre Wirkung.

Wir überholen uns meistens selbst und beim Überholen schauen wir gleichzeitig in den Rückspiegel und fragen uns, was eigentlich los ist mit uns und warum wir so unkontrolliert durch die Zeit rasen.

Wir wollen Zeit einsparen, um dann noch mehr erledigen zu können. Schwachsinn, denn mit dieser Einstellung drehen wir das Rad nur noch schneller, und zwar so lange, bis wir die Kontrolle verlieren. Wenn wir mit dem Auto unterwegs sind, versuchen wir immer wieder fünf oder zehn Minuten an Zeit zu gewinnen. Deshalb treten wir aufs Gas und nehmen jedes Risiko in Kauf. Wir erhöhen die Geschwindigkeit in unserem Lebenshamsterrad. Wie verrückt sind wir eigentlich? Wir kennen das damit verbundene Risiko und kalkulieren sogar den Totalcrash mit ein.

Wir haben nicht nur die Kontrolle über die Informationsflut verloren, sondern erhöhen das damit verbundene Aufgabenpensum erheblich. »Eigentlich müsste ich noch schnell«, sind alltägliche Formulierungen und treiben uns in das absehbare Dilemma.

Sind wir von Gier oder sind wir von Angst getrieben? Egal, wie die Antwort lautet, beide Beweggründe führen nicht zum Ziel, sondern eher zum Kollaps! Unsere Gesellschaft hat sich rapide gewandelt. Wir können uns diesen permanenten Zukunftssorgen anschließen oder auch davor weglaufen oder diese ignorieren, aber wir können auch die Chance für eine nachhaltige Veränderung nutzen.

Schaffe dir Klarheit in deinem Leben und mache reinen Tisch, denn du wirst mit diesen Themen immer wieder konfrontiert werden. Auch die Schattenseiten möchten eine Lösung erfahren und verlangen nach Aufmerksamkeit. Sie sind der Wegweiser im Leben und helfen, den Sinn des Lebens zu erkennen, um den Weg dann zu gehen.

Vergiss die Ausreden, denn sie bringen dich keinen einzigen Schritt weiter. Stell dir die Fragen, die dich näher an dein Lebensziel bringen.

- Was willst du wirklich in deinem Leben?
- Wofür kannst du dich begeistern und wofür brennst du?
- Hörst du auf die Stimme deines Herzens?
- Was bereitet dir immer wieder Freude?

Die Antworten bringen dich deiner Bestimmung und deinem Ziel näher. Triff eine Entscheidung! In der ersten Hälfte des Lebens kann man Kompromisse machen, in der zweiten Hälfte kann man gut darauf verzichten. Es gibt immer die Gelegenheit, sein Leben neu auszurichten. Gehöre nicht zu den Menschen, die ein ganzes Leben lang leben, ohne jemals aufzuwachen.

Du kannst jederzeit auf sehr wirksame Mechanismen und Möglichkeiten zugreifen, die dich in einen heilsamen Zustand der Ruhe versetzen.

Wir sollten unser Wissen nutzen und die Schubladen öffnen, wo die wichtigsten Werkzeuge zu finden sind, um die Balance im Leben wiederherzustellen. Deshalb dürfen wir uns auch von den Überzeugungen »ich habe doch keine Zeit« oder »wenn ich in Urlaub fahre, dann gönne ich mir Ruhe« verabschieden, denn diese Formulierungen sind nicht förderlich. Eher ist es nur ein Hinausschieben auf später und so bleiben wir weiter in unserem selbst geschaffenen Hamsterrad.

Die meisten Menschen haben einfach vergessen, dass sie selbst Schöpfer sind. Es ist zum Heulen, denn sie gestalten nicht selbst, sondern lassen es durch andere tun. Richtig? Es ist zum Verzweifeln.

Wir wissen doch, dass es zwei Arten von Menschen gibt, Herrscher und Beherrschte! Was machen wir mit dieser Erkenntnis?

Schau also dankbar auf dein Leben, mach den Status Quo und finde heraus, was du wirklich möchtest. Dazu ist es absolute Voraussetzung, dass du in einen angenehmen und tiefen Ruhezustand gelangst, denn nur so kannst du nachhaltig die Weichen zur Veränderung stellen.

Ruhe und Entspannung sind die besten Helfer, um das Tor zur inneren Stimme, zu deiner Intuition zu öffnen. Nur so ist es möglich, dass wir uns von den alltäglichen Reizüberflutungen abschotten.

»Meditation und Entspannung haben den Sinn, in einen angenehmen tiefen Ruhe- und Entspannungszustand zu gelangen. Ziel und Resultat ist ein Verschieben unseres Bewusstseinszustandes, eine Technik, deren höchstes Ziel eine reine Harmonie, ein gleichzeitiges und gleichmäßiges Zusammenarbeiten von logischen und intuitiven Denken ist.« (So schreibt es Hermann Hesse, 1877-1962, sinngemäß.)

Unser Leben hat einen hervorragenden Lehrmeister und dieser offenbart sich uns schon seit ewigen Zeiten in der Natur. Hier gibt es Wachstum und hier gibt es auch die Zeit der Ruhe und Regeneration. Ohne Tag und ohne Nacht, ohne Sommer und Winter und ohne Sonne und Regen könnte die Natur wohl nicht existieren. Die Phase der Dynamik und der Aktivität wird durch Ruhephasen abgelöst und damit auch ausgeglichen. Schauen wir also genau hin, denn die Natur zeigt und lehrt uns doch eindeutig, dass wir Entspannungsphasen benötigen, um uns dadurch besser entwickeln zu können. Ansonsten wird unser Organismus und damit unser Immunsystem auf Dauer geschwächt. Deshalb hat die Schöpfung wohl neben dem Tag auch die Nacht geschaffen, damit wir Energie sammeln und auftanken können, um lebensfähig zu bleiben. Die Natur ist also ein genialer Kraft- und Energiespeicher.

Die mentale Fitness und Gesundheit sind gleichzeitig die Probleme wie auch die Lösungen für die Zukunft. Entscheidend ist also die geistige Wachheit, um den drohenden psychischen Zusammenbruch zu verhindern. Unsere Gehirne werden absolut überfüllt durch die guten und auch schlechten Informationen. Die Fachleute bezeichnen diesen Zustand als Multiphrenie. Mentaltraining ist mit den vielseitigen Mechanismen in der Lage diese chaotischen Reize zu ordnen und Regulationsstörungen in Körper, Geist und Seele vorzunehmen.

Wir alle sind Lehrlinge des Lebens. In unserem Leben geht es auf und ab und dieser Prozess ist ein dankbares Geschenk, was wir behutsam annehmen und gestalten sollten. Krisen, Probleme und Ärger gehören genauso zu unserem Leben wie Lebensfreude, Erfolg und Glück. Diese vermeintlichen Gegensätze bereichern uns und sorgen für ein abwechslungsreiches Leben, wo es keine Langeweile gibt. Es kommt nur darauf an, worauf wir unseren Fokus ausrichten. Deshalb wollen wir uns an dieser Stelle des Buches mit dem Geheimnis des Mentaltrainings beschäftigen, um zum richtigen Zeitpunkt die besten Lösungen für weniger erfreuliche Situationen zu mobilisieren.

Mentales Training kann uns sehr wirksam helfen, um unsere bisherigen Verhaltensprogramme zu ändern, damit die Gedanken und die daraus resultierenden Gefühle bewusst von uns gesteuert werden können.

Mit mentalem Training kannst du deine eigenen Fähigkeiten hervorragend entfalten und dein Potenzial wirksam nutzen. Du förderst damit die Gedanken und erreichst alles, was du dir im Geist vorstellen kannst. Alles, was in unserem Universum existiert, wurde vorher gedacht.

Drei Kräfte spielen beim mentalen Training die Schlüsselrollen;

1) **Die Vorstellung:** hier wird ein gewünschtes und konkretes Bild kreiert.
2) **Die Suggestion**: mit bestimmten Worten den geplanten Vorgang bestärken.
3) **Der feste Glaube** an die Verwirklichung.

Die hier erwähnte Methode ist im Grunde das bildhafte Vorstellen eines Zielzustandes. Wir sind in der Lage, unsere Fantasie durch entsprechende Konzentration auf bestimmte Ergebnisse zu lenken. Wichtig ist, dass wir so tun, als ob wir unser Ziel schon erreicht haben. Das Ziel sollte mit einem angenehmen und wohltuenden Gefühl belegt sein. Folgerichtig müssen die Suggestionen, die du bei dir programmierst, zum Bild und natürlich auch zum Gefühl passen. Mehr ist es gar nicht! Einfach oder?

Dieses Wissen des mentalen Trainings gibt es schon seit Jahrtausenden, leider war es sehr lange nur wenigen Menschen bekannt und zugänglich.

Wir können bei unseren Kindern häufig beobachten, wie diese das wunderbare Mentaltraining anwenden, obwohl sie die Bedeutung dieser genialen Methode gar nicht im Detail kennen. Sie vergessen Raum und Zeit, leben nur im Augenblick und sind total glücklich, weil sie in Balance und damit im Flow sind. Sie erzählen uns, dass sie ein bestimmtes Spiel mit allen verfügbaren Sinnen spielen. Die zu beobachtenden Szenen gleichen einem Film, den sie allerdings zuerst in ihrer Vorstellung als Regisseur geboren haben! Ihre Fantasie kennt keine Grenzen und die Kinder entscheiden selbst, ob sie Spielfigur oder bewusster Spieler sind. Es ist eine so fantastische Erkenntnis! Lassen wir sie also wiederaufleben.

Zwischen Körper und Geist gibt es keine Grenzen. Der einzige der dich begrenzen kann, bist du selbst.

Das Erfolgsgeheimnis ist, dass du die richtigen Bilder in deinem Kopf entwickelst und in Gedanken jede geplante Situation so lange durchspielst, bis sie so verläuft, wie du sie haben möchtest.

Übrigens tun erfolgreiche Menschen nichts anderes und trainieren ihre zu erreichenden Ziele. Gute Beispiele sind Sportler, denn bei ihnen ist mentales Training ein fester Baustein zur Leistungs- und auch zur Persönlichkeitsentwicklung!

Am besten funktioniert diese Methode in entspannter Atmosphäre und im entspannten Zustand. Auf diese Möglichkeit wurde in diesem Buch schon an anderen Stellen deutlich hingewiesen.

Mit Entspannung, Meditation und mentalem Training können wir unser Unterbewusstsein relativ einfach aktivieren und somit leistungsfähiger und uns auch wesentlich kreativer entwickeln! Durch dieses Zusammenspiel ist der Einsatz zur persönlichen Konzept- und Zielfindung, zur Motivation und besserem Wohlbefinden vielseitig geeignet. Alles ist also erreichbar, was du dir realistisch vorstellen kannst.

In dem nachfolgenden Schaubild habe ich einmal dargestellt, was du durch die Kraft deiner Gedanken und durch die damit verbundene Energie erreichen kannst.

Deine Lebensumstände werden erfüllender, glücklicher, wesentlich zufriedener und überzeugender, wenn du die universellen Gesetze anwendest und damit dein Leben auf materieller, körperlicher, seelischer und geistiger Ebene auf ein neues Level beförderst. Es ist machbar, also tue es, verwirkliche es, und zwar so, wie du es verdienst.

Die GLÜCKS SPIRALE
des Mentalen Trainings

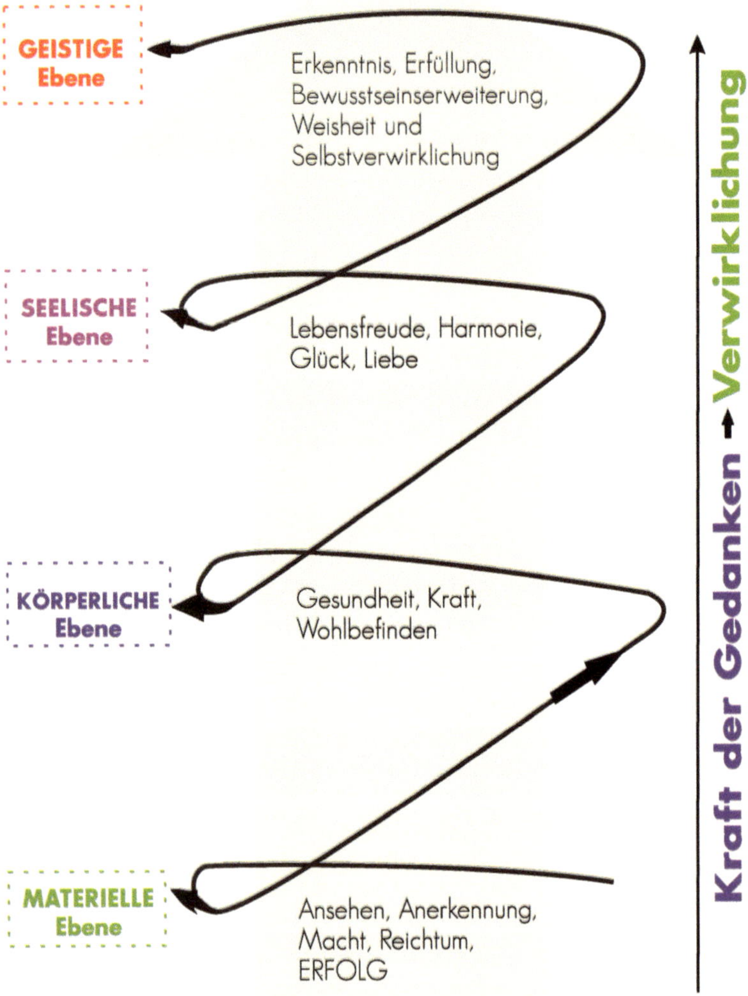

Konrad Klar

Denke bitte immer daran, dass du dein Leben mit deiner Gedankenkraft zu jeder Zeit verändern kannst. Du kannst viel mehr, als du bisher geglaubt hast. Wenn du auch manchmal das Gefühl hast, dass du zurücktreibst oder gar einen Rückschlag erlebst, dann ist das nur eine weitere Herausforderung, die deine Fähigkeiten herausfordert. Bewerte nicht jede Situation und lege nicht alles auf die berühmte Goldwaage, denn so lebt es sich einfach viel leichter.

Schaffe dir eine kleine Oase, wohin du dich jederzeit zurückziehen kannst, um Kräfte zu sammeln und Ideen sprudeln zu lassen. Mit Entspannung ist sehr viel möglich und dadurch kommen wir immer wieder unserem Lebensplan wirklich näher. Albert Einstein hat sehr eindrucksvoll festgestellt:

»Fantasie ist alles, es ist die Vorschau auf die kommenden Ereignisse des Lebens.«

Wir finden Glück und Erfüllung nur dann, wenn wir uns auf die Begegnung mit uns selbst einlassen und ein Rendezvous mit uns selbst erleben. Jede einzelne Stufe der Erkenntnis kann zu einem faszinierenden Feuerwerk werden, spätestens dann, wenn wir uns wieder selbst ein Stück nähergekommen sind.

Wenn du möchtest, kannst du jeden Morgen die nachfolgende Übung auf Seite 143 anwenden. Sie wird dich unterstützen, den Tag sehr angenehm vorzubereiten und deine Lebensfreude sprudeln lassen. Diese Übung eignet sich auch als abendliche Meditation. Probiere es einfach aus!

Beginne jeden Tag entspannt und stressfrei. Nimm dir ausreichend Zeit für die morgendliche Hygiene. Damit meine ich nicht nur die Phase der körperlichen Reinigung, sondern vor allem die geistige Vorbereitung, damit dein Tag ein fröhlicher und glücklicher Tag wird. Das gleiche gilt für eine entspannte Abendhygiene, damit die Nacht dich wirklich zur Ruhe bringt. Nutze die einfachen Übungen und dein Wohlbefinden wird sich deutlich verbessern. Mache dir an dieser Stelle doch einmal kurz bewusst, dass du jeden Tag immer wieder neu beginnst. Um 24.00 Uhr beginnen immer wieder 24 Stunden und du bekommst 1440 Minuten geschenkt. Es ist doch möglich, drei bis fünf Minuten täglich nur für dich und für deine innere Ruhe zu nutzen. Versprochen? Dein Leben wird es dir danken. Ohne Entspannung geht gar nichts! Reserviere dir feste Zeiten nur für deine persönlichen Glücksminuten. Wenn nicht jetzt, wann dann? Auch der kleinste Schritt bringt dich deiner Vision näher! Wenn du diese Schritte immer wieder machst, wird sich dein Leben in die gewünschte Richtung verändern.

Morgendliches/abendliches Ritual

»Heute werde ich etwas Wundervolles und Erstaunliches erleben!«
»Mit Dankbarkeit und Freude werde ich den Tag gestalten.«

Wenn du jeden Tag zu deinem Glückstag machen willst, empfiehlt es sich, den Start des Tages mit einem nachhaltigen morgendlichen Ritual zu beginnen.

Mentale Übung:

Schließe im Bett die Augen, verschiebe sie etwas nach oben. Zähle nun langsam von 99 bis 1 zurück. Natürlich nur für dich und lautlos. Mache zwischen den Zahlen eine Minipause von etwa einer Sekunde.

Wenn du bei eins angekommen bist, erinnere dich an eine Situation, ein Bild oder eine Szene, wo du dein Ziel vollkommen erreicht hast. Erlebe diesen Moment mit allen Gefühlen und erinnere dich an den Ort. Genieße alle Wahrnehmungen.

Dann zähle von fünf auf eins rückwärts, drücke den mentalen Knopf und sage dir: »Heute Abend habe ich mein Ziel erreicht. (Konkret formulieren) Ich fühle mich perfekt, ich bin in Höchstform und gehe leidenschaftlich in den Tag! Ich bin von Herzen dankbar für diesen Tag!« (Natürlich kannst du nach einiger Zeit und Übung auf dieses Zurückzählen verzichten, wenn du das gewünschte Wunschbild ohne diese Hilfe produzieren kannst.) Ebenso ist es möglich, diese mentale Übung bei 50 zu beginnen und dann langsam bis 1, für spontane Übungen kannst du auch bei 10 beginnen und langsam bis 1 zurückzählen. Bei dieser Variante kannst du jede Zahl auch jeweils 3 x wiederholen! Du hast also die Wahl und kannst dich beliebig entscheiden. Viel Spaß! Übrigens kannst du diese mentale Übung auch vor dem Einschlafen nutzen. Probiere es aus!)

Fazit:

Das Gesetz des Anfangs macht uns deutlich, dass am Anfang der Gedanke ist, der wieder Gefühle erzeugt und diese Gefühle dann auch auf unsere Umgebung überspringen.

So wie der Tag beginnt, so verläuft er auch. Achtsamkeit am Anfang des Tages ist die beste Voraussetzung für einen schönen, lebensfrohen Tag, nämlich deinen Glückstag!

Die nachfolgende Übung empfehle ich dir ausdrücklich, denn Sie kann dein Leben verändern!

Schreibe jeden Abend vor dem Zubettgehen drei Dinge auf, die dich am Tag glücklich gemacht haben. Betrachte diese Momente noch einmal mit allen Sinnen und genieße den Rückblick auf den Tag. Mache diese kurze Übung 30 Tage lang konsequent jeden Abend! Lege dir einen Block, Papier oder auch 30 Zettel an einen Ort, wo du zum Abschluss des abgelaufenen Tages diese Aufgabe sicher erledigen kannst.

Am Schluss dieses Kapitels möchte ich dir noch eine Anregung mit auf deine weitere Lebensreise geben.

»Es ist wirklich super, wenn du lernst. Aber wenn du nichts veränderst, dann hast du nichts gelernt!«

(Konrad Klar)

Hinweis:

In meinen Coachings und Seminaren erfährst du sehr ausführlich durch eine von mir entwickelte Methode, wie du erfolgreich die Geheimnisse des mentalen Trainings anwendest!

Die vier Weisheiten des Spiegels

»Zu erkennen, dass man nichts ist, ist Weisheit! Zu erkennen, dass man alles ist, ist Liebe!« (Nisargadatta Maharaj, 1897- 1981)

1. Weisheit

Alles was mich an einem Anderen stört oder aufregt, mich in Wut geraten lässt und ich selbst anders haben möchte, liegt in Wahrheit in mir selbst.

2. Weisheit

Alles, was der Andere an mir kritisiert, bekämpft und verändern will, betrifft, wenn es mich wirklich verletzt, nur mich selbst, da diese Botschaften in mir noch aktiv sind und nicht gelöst sind. Mein Ego reagiert deshalb beleidigt.

3. Weisheit

Alles, was der Andere an mir kritisiert, bekämpft und an Vorwürfen macht und auch anders haben möchte, ist wenn es mich nicht berührt, nur sein eigenes Bild, seinen eigenen Charakter, seine eigenen Probleme, die er auf mich projiziert.

4. Weisheit

Alles, was ich an Anderen schätze, bewundere und alles was mir gefällt, was ich sogar liebe, bin ich und habe ich selbst in mir und deshalb liebe ich es an dem Anderen. Wir stimmen in diesem Punkt völlig überein und sind eins. Ich erkenne mich eben selbst in dem Anderen.

Ich wünsche dir viel Spaß bei der Anwendung dieser Erkenntnis!

Deine Veränderung beginnt JETZT – Nutze deinen Durchblick – Bestimme die Qualität deines Lebens!

»Und plötzlich weißt Du: Es ist Zeit, etwas Neues zu beginnen und dem Zauber des Anfangs zu vertrauen.« (Meister Eckhart)

Die meisten Menschen verschieben das Leben gerne auf einen späteren Zeitpunkt. Die Frage ist: »Worauf willst du warten?« Setzt du dir auch Bedingungen und denkst: »Wenn ich irgendwann in Rente gehe, dann erfülle ich mir meinen Traum.« »Wenn ich mehr Geld zusammengespart habe, dann werde ich …«

Nein, das hat absolut nichts mit einem erfüllten Leben zu tun, denn das Leben findet jetzt statt. Verabschiede dich von diesen antrainierten Mustern. Deine innere Stimme sendet dir oft genug Signale, aber du ignorierst sie.

Wenn in deinem Auto die Öllampe immer wieder aufblinkt, würdest du das auch dauerhaft ignorieren oder sogar das Signal ausschalten? Eher nein, oder? Du würdest dem Signal auf den Grund gehen und prüfen, wo die Ursache liegt.

Die Entscheidung für die Veränderung ist immer möglich. Sie funktioniert natürlich nicht nur auf Knopfdruck, aber damit machst du den Anfang! Vor dir liegt ein Prozess, der immer wieder neue Versuche und konsequentes Handeln voraussetzt. Nur so ist der Weg frei, um in Höchstform zu kommen.

Ist dir bewusst, was dir Freude, Spaß und Begeisterung verschafft?

Leider beschäftigen sich viele Menschen mit Nebensächlichkeiten und vergeuden damit ihre Zeit. Und Zeitverschwendung ist eben Lebensverschwendung! Die Bereitschaft zur Hingabe und Leidenschaft machen das Geheimnis des Erfolges aus. Erst dadurch sind Höchstleistungen möglich.

Entdecke die Ideen, für die du dich mit allen Sinnen begeistern kannst und die deinem Leben einen Sinn geben. Wenn du genau weißt, was du willst, gewinnst du Kraft, Energie, Lebendigkeit und unendlich viel Selbstvertrauen.

Vielleicht kommen auch mal Zweifel auf, die du grundsätzlich auch betrachten solltest, und wenn sie dann nur von kurzer Dauer sind, kannst du sie ignorieren.

Es ist unglaublich wichtig, dass du gute Ideen, Eingebungen und damit mögliche Visionen schriftlich festhältst. Immer wieder gebe ich dir in diesem Buch den Hinweis, dein Glücksbuch als Tagebuch zu verwenden. Ein besseres Nachschlagewerk gibt es in deinem Leben nicht. Ergänze am besten dieses wichtige Werk durch ein Lebensbild. Du kannst einfach eine große Wand in deinem Zuhause nutzen und dein persönliches Visionsboard entwerfen. Lass deinen Ideen freien Lauf und träume dich ins Leben hinein. Begeistere dich und lege konkrete Termine für deine Zielerreichung fest. Tue so, als würdest du über die Ziellinie gehen!

Mit Spaß am Leben legst du den Grundstein für den Spaß am Beruf und auch für den Spaß an deiner Freizeit. Warum tust du etwas? Was gibt mir besonders viel Kraft? Wie erreiche ich meine Höchstform?

Beantworte diese Fragen und schreibe sie dann auf. Sei neugierig und gestalte dein Leben. Nur Wachstum ist Stärke, wer nicht wächst, ist eigentlich nicht mehr am Leben. Auch hier zeigt uns die Natur die wahren Gesetze, denn ohne Wachstum gibt es keine Veränderungen.

Investiere in dein Leben und tue das, was dich auf deiner Lebensreise bereichert. Sei bereit, dein Können weiterzuentwickeln, denn die damit verbundenen Erfahrungen sind wirklich nicht mit

Geld zu bezahlen.

In den ersten Jahren meiner Selbstständigkeit habe ich konsequent für meine Weiterbildung gespart, um immer ein entsprechendes Budget für meine kontinuierliche Qualifizierung zur Verfügung zu haben. Weiterbildung hat bis heute noch für mich die höchste Priorität, um immer wieder neue wertvolle Erfahrungen zu sammeln.

Ich buchte in den Anfangsjahren meines Unternehmertums fünf Planungstage und zahlte über 5.000 DM für dieses Seminar. Natürlich musste ich mich dafür überwinden, aber ich glaubte fest an den Nutzen dieser Strategie und es sollte auch so sein. In diesem Workshop arbeitete ich intensiv an meiner beruflichen und persönlichen Kompetenz, mit Wie-Plänen konzipierte ich meine Vorhaben. Ich lernte Techniken kennen, um effektiv und zielführend die Lebensaufgaben zu entwickeln. Die Investition lohnte sich total.

Ob es um die Konzeption meiner zukünftigen Immobilienprojekte oder um meine Unternehmensplanung oder um meine persönliche Perspektive ging, alle Themen wurden in meiner Planung berücksichtigt. Ich lernte die Effizienz der schriftlichen Planung eindrucksvoll kennen und empfehle diese Strategie in jedem Gespräch. Mit Disziplin, Ausdauer und Beharrlichkeit und dem festen Glauben an die Realisierung entwickelte ich mein Zielbild. Es ist unglaublich inspirierend, wenn du ein klares Bild vor dir hast und dann die Schritte zum Ziel gehst. Jederzeit kannst du deine Etappenziele überprüfen und entsprechend optimieren.

Ich möchte dir in diesem Zusammenhang noch eine kleine Episode aus meinem Leben erzählen und dich damit motivieren, dass alles möglich ist, wenn du die feste Überzeugung in dir trägst.

Wir hatten das Ziel München für unseren Firmenausflug ausgewählt, um dort unsere Erfolge zu feiern und Kraft für weitere Aufgaben zu tanken. Es war eine tolle Reise und sie sollte mich mal wieder für eine neue Idee begeistern. Abends feierten wir in einer tollen Location, die eine festliche und doch lockere Atmosphäre bot. Wir hatten zusammen viel Spaß und plötzlich schoss mir die

Idee in den Kopf, dass ich in einem großen Veranstaltungssaal eine Firmenveranstaltung machen will und unser Unternehmen dort präsentieren könnte.

Ich hatte schon immer den Traum, auf der Bühne vor hunderten von Gästen und mehr zu sprechen. Die Idee war geboren und im Hotelzimmer habe ich in der Nacht sofort entsprechende Notizen gemacht und so war die Rakete schon startbereit. In den nächsten Tagen widmete ich mich diesem Thema konkreter und es reifte soweit, dass ich ein konkretes Zielbild vor mir sah.

Nach einem Jahr gab es diese Veranstaltung und sie wurde zum Galaabend. Wer war der Moderator an diesem Abend? Natürlich ich! Die Gäste des Abends waren ausnahmslos begeistert, denn es war ein Erlebnis mit vielen Highlights.

Wir präsentierten an diesem Jubiläumsabend ein eigenes Wirtschaftstelegramm mit vielen Experten, als Herausgeber und Chefredakteur war ich natürlich sehr stolz auf diese Entwicklung. An diesem Abend wurde auch die Idee geboren, Menschen zu helfen, denen es nicht so gut geht wie uns. Deshalb lautete das Motto des Events: »Mit Erfolg helfen.« Mehrere tausend DM wurden gesammelt und an wohltätige Zwecke gespendet. An diesem Abend, an diesem Punkt meines Lebens habe ich den Grundstein für weitere entscheidende Entwicklungen in meinem abwechslungsreichen Leben gelegt. Sowohl für meine Passion als Autor als auch die Begeisterung für die heutige Benefizinitiative haben in dieser Zeit ihren Ursprung. Die Idee, die in München geboren wurde, hatte eine echte Sogwirkung und begeisterte mich für viele Aufgaben in meinem Leben. Ab dem Zeitpunkt nahm mein Leben richtig Fahrt auf und ich wurde mit starken Turbulenzen konfrontiert. Die Belastungen waren schon sehr hoch, aber meine Motivation war kaum zu übertreffen.

Das Kartenspiel war gemischt und ich spielte einige Trümpfe voller Vertrauen an meine Entscheidungen und baute mein Unternehmen strategisch weiter aus.

Zu diesem Zeitpunkt wurde erstmals der Studiengang »Finanzökonomie« in Deutschland angeboten und in letzter Minute wurde ich dafür zugelassen. In meinem Unternehmen musste ich an allen Fronten kämpfen und meine Zeit war ausgefüllt mit Terminen, Meetings, Planungen und auch noch Studium.

Das Studium war ein Marathon, der mir extrem viel Kraft abverlangte und mich oft an meine Grenzen brachte. Aber ich glaubte fest an die Realisierung und schaffte es schließlich auch, obwohl zwischendurch das Scheitern nahe schien! Der Lohn war riesig, denn ich gehörte wenige Monate später zu den ersten zertifizierten Finanzplanern in Deutschland und wurde mit dem höchsten internationalen Gütesiegel in Deutschland ausgezeichnet, ich durfte meinen Namen im Handelsblatt lesen. Wow, ich hatte es geschafft!

Mein Glaube hatte mich genau an diesen wunderbaren Punkt gebracht! Ich war echt wahnsinnig stolz auf mich! Ich gebe dir den dringenden Rat: »Tue so, als wäre es schon geschehen. Sage dir immer wieder: Ich bin, ich habe und ich kann … Vertraue dir bedingungslos und sage Ja zu dir.«

Die Botschaft ist eindeutig: »Wenn du eine Idee hast und du dabei ein gutes Gefühl spürst, lege los und bleibe an der Verwirklichung dran, lass dich nicht ablenken.« Es wird Menschen geben, die dich fragen: »Was machst du denn da? Meinst du wirklich, das wäre was? Das haben doch schon andere gemacht und probiert, mach doch was Richtiges!«

Was aber ist richtig? Wer definiert das denn? Die Frage ist doch, wer uns konsequent beeinflusst und was derjenige überhaupt davon hat?

Nur derjenige, der konsequent wächst, ist ein Gewinner. Also greife lieber nach den Sternen, auf dem Mond kannst du noch immer landen.

Nur konsumieren reicht nicht, du solltest ins Handeln kommen. Lesen, glauben, vorstellen und dann umsetzen ist die Devise. Finde den Weg, der zu dir passt. Tue es!

Du hast eben erkennen können, dass es irgendwann Klick gemacht und damit die innere Explosion begonnen hat. Das Signal leuchtete und der Zug rollte los, du bist der Macher, wenn du es wirklich willst.

Wenn es um deine kontinuierliche Entwicklung geht, macht es Sinn, dass du einen Mentor in deine Überlegungen mit einbeziehst. Ein stetiger Begleiter an deiner Seite ist echtes Gold wert. In den ersten Jahren meiner Selbstständigkeit lernte ich einen Schuldirektor kennen, der nebenberuflich ein Engagement im Bereich Finanzen suchte. Mehr noch interessierte er sich für Seminare, wo er als Referent tätig sein konnte. Er wurde für mich innerhalb kurzer Zeit einer von meinen wichtigsten Menschen und Ratgebern. In jedem Seminar war er Mitstreiter, Kritiker und zugleich Motivator. Es war für mich zu diesem Zeitpunkt und in dieser Lebensphase der ständige Vertraute, der sicher auch in gewisser Weise in die Ersatzrolle meines Vaters hineinschlüpfte. Er bekräftigte mich kontinuierlich, meiner Passion zu folgen und mich noch weiter in den Themen Seminargestaltung, Vertriebsaufbau und Persönlichkeitsentwicklung zu qualifizieren. Vom ersten Augenblick an waren wir beide auf einer Wellenlänge, obwohl mehr als 30 Lebensjahre zwischen uns lagen. Für mich war er ein Geschenk des Himmels, ohne ihn wäre mein beruflicher Weg sicher anders verlaufen. In meinen bisherigen Leben habe ich viele Trainer und Mentoren kennengelernt, aber er hat bisher bei mir bis heute den stärksten und liebevollsten Eindruck hinterlassen.

Jeder Mensch, der nach Erfolg, Lebensfreude und Glück strebt, ist bestens beraten, wenn ein Coach seinen Weg begleitet. Das Leben stellt immer wieder Fragen und liefert auch Antworten. Wenn ein Lotse an deiner Seite der aktive Begleiter ist, erreichst du diese Ziele wesentlich leichter. Du erkennst sehr schnell, ob du den richtigen Menschen an deiner Seite hast, also ist das Risiko stark begrenzt. Sei mutig und investiere in dein Leben.

Menschen treten nicht zufällig in dein Leben und deshalb gehört jede Begegnung irgendwie zu deinem Lebensweg. Ich investierte nach zehn Jahren Selbstständigkeit für ein 3-tägiges Coaching-Programm 10.000 Euro. Für mich war das eine extrem hohe Investition, aber ich habe sehr viele Erkenntnisse daraus gezogen, die sich in meinem späteren Leben bemerkbar machten. Bis heute gebe ich jährlich mehrere tausend Euro für Weiterbildung, Coaching und Seminare aus mit der Überzeugung, dass jeder Cent hervorragend angelegt ist.

Wohl gemerkt, hier geht es nicht immer um Geld, aber trotzdem wird Geld dann wichtig, wenn es fehlt. An anderer Stelle in diesem Buch habe ich dir erzählt, dass unsere Familie durch den Tod meines Vaters vor einem Scherbenhaufen stand. Es gab keine Risiko-Versicherung und wir hatten gerade erst mit einem Neubau begonnen, weil wir unser Haus wegen des bereits begonnenen Autobahnbaus verkaufen mussten. Unsere Mutter hat alles getan, um diese prekäre Situation zu meistern, und sie prägte den Slogan: »Wir schaffen das.« In diesem Moment lag die volle Aufmerksamkeit auf dem Gelingen und nicht auf dem möglichen Scheitern.

In solchen Momenten des Lebens ist es schon entscheidend, welches Geldmuster du in dir trägst und was du für möglich hältst.

Es ist wichtig, dass wir lernen, in der Krise zu bestehen, und so das Licht am Ende des Tunnels sehen. Du musst diese Meilensteine auf der holprigen Straße nehmen und die entsprechenden Schlüsse daraus ableiten. Auch das sind magische Momente in deinem Leben, die du mit Vertrauen, Zuversicht und einen klaren Fokus meistern kannst. Beleuchte die Tiefen genau und schau dir die dazu gehörenden Emotionen an, denn diese sind Teil der Lösung.

Es ist völlig egal, was andere denken, denn sie wollen häufig nur, dass du nicht auf dem gewählten Weg bleibst. Du bist für sie ein Exot und du gehst eben deinen Weg. Wenn du weißt, warum du etwas willst, erlebst du auf deinem Weg auch Erfolg und du gehst immer weiter, egal, wer dich aufhalten will. Was andere von dir erwarten, ist uninteressant, denn es sind die Erwartungen der anderen!

Das Geheimnis ist, immer weiterzumachen und auch mal Schritte zurück zu gehen, denn das sind auch Schritte zum Ziel. Orientiere dich an dem, was dir gelingt, und nicht an dem, was mal schiefgeht. Präge dir diese Lebensweisheit ein, denn du bist hier, um zu lernen, und wenn du mal hinfällst, stehe wieder auf.

Sei dankbar, wenn du eine Krise gemeistert hast, denn du hast dich stärker rausgezogen und kannst deine Erfahrung weitergeben, damit andere die Fehler vermeiden können.

Du kannst die Qualität deines Lebens nur im Jetzt erleben. Es funktioniert nur im Hier und Heute. Deshalb kann die Entscheidung nur lauten: »Tue das, was dir gut tut, und davon so viel wie möglich.«

So wie du dich siehst, so wirst du auch sein. Erwarte das Beste und du wirst es auch erhalten. Du kannst dich selbst programmieren, denn dein Unterbewusstsein akzeptiert immer nur das, was du wirklich glaubst, und daraus folgt dann das Ergebnis.

Wir haben Zugang zu allen Schätzen dieser Welt und dürfen diese nutzen, egal, ob auf der Erde, in der Luft oder auf dem Wasser.

Unsere Grenzen können wir nur selbst auflösen, denn wir setzen uns diese auch immer selbst und zwar zwischen dem rechten und linken Ohr. In unserem Kopf entscheidet sich, ob wir gewinnen oder ob wir verlieren. Lebe dein Leben nicht, um andere zu beeindrucken. Lebe dein Leben so, wie du es für richtig hältst, und beeindrucke dich selbst!

Liebe Leserin und lieber Leser,

Du hast dieses Buch nun bis zum Ende gelesen! Von Herzen gratuliere ich dir dazu und danke dir, dass ich dich einige Zeit auf deiner Lebensreise begleiten durfte.

Allerdings ist dieser Moment nicht das Ende, sondern der Anfang von einem neuen Leben, das du begonnen hast.

Wenn dein Glücksbuch, was du während dem Lesen entworfen hast, voller neuer Erkenntnisse und inspirierender Ideen ist, dann hast du einen sehr großen Schritt in deinem Leben geschafft.

Gerne zitiere ich wiederholt Albert Einstein, denn er hat es einmal sehr treffend formuliert. »Es gibt zwei Möglichkeiten sein Leben zu leben, entweder so, als wäre nichts ein Wunder oder so, als wäre alles ein Wunder.«

Der klare Auftrag lautet also, lebe du selbst dein eigenes wunderbares Leben und gib dir die uneingeschränkte Erlaubnis, dein wahres Ich wirklich auszuleben. So wie du bist, bist du einzigartig. Du hast einen unschätzbaren Wert und besitzt alles um ein neugieriges und faszinierendes Leben zu führen. Folge deiner Intuition und achte mit voller Aufmerksamkeit auf das, was um dich herum geschieht. Wir bekommen jeden Tag Impulse und Zeichen und diese sollten wir achtsam beobachten. Alles hat seinen Sinn und es liegt an uns, den Dingen die Aufmerksamkeit zu geben, die uns zufrieden und glücklich machen. Wenn wir dem Fluss des Lebens vertrauen, dann merken wir plötzlich, wie leicht das Leben wird. Auf Dauer erlebst du einen Quantensprung.

Ach ja! Jetzt fehlen nur noch der Auslöser und der Startknopf für deine Lebensveränderung!

Ab HEUTE, den ______________, übernehme ich die volle Verantwortung für mich und mein Leben! Ich werde meine Träume und Visionen verwirklichen!

____

Unterschrift

Platziere dieses Versprechen an eine Stelle, wo du immer wieder drauf schaust, um dich für deine Lebensaufgabe aufs Neue zu begeistern!

Sei also nicht zu hart zu dir, wirf den inneren und äußeren Ballast ab und spüre so die Leichtigkeit auf deiner Lebensreise. Mit Dankbarkeit, Freude, Begeisterung und Leidenschaft ist jeder Tag eine einmalige Chance, um das Wunder des Lebens zu erfahren. Der größte Reichtum ist das Leben selbst, denn du hast es geschenkt bekommen, ohne dass du etwas dafür tun musstest.

Mach deinem Leben eine Liebeserklärung! Liebe das, was du tust!

Du hast nur eine einzige Pflicht: »Sei glücklich!«

Viel Spaß dabei! Lebe dein Leben, spiele das Spiel deines Lebens und mache es zu deinem Meisterwerk! Alles ist machbar. Sei mutig und mach doch endlich, was du wirklich willst!

Übungen zur Entspannung

»Nur der entspannte Mensch ist wirklich schöpferisch und Ideen fallen ihm blitzartig zu.« (Cicero)

Spüre in dich hinein

Lege dich ganz bequem hin und schließe deine Augen. Konzentriere deine Aufmerksamkeit wie einen Lichtstrahl auf die Regionen deines Körpers. Von Kopf bis Fuß richtest du den Lichtkegel aus.

Am Anfang kannst du mit deiner Aufmerksamkeit ruhig springen, so wie du es möchtest.

Später kannst du beim Kopf beginnen und dann bis in die Füße gleiten!

(Dauer: min. 10 Minuten)

Selbstwahrnehmungsübung

Nimm dir zwei Minuten Zeit an einem ungestörten Platz. Mache diese Übung immer wieder, wenn du möchtest.

Setze dich oder lege dich ganz bequem hin und werde ganz ruhig. Atme jetzt fünfmal ganz tief ein. Dabei kannst du bis fünf zählen. Beim Ausatmen nimmst du dir doppelt so viel Zeit. Zähle also beim Ausatmen bis zehn.

Nach zwei Minuten ganz natürlich und entspannt weiteratmen. Einfach so weiteratmen, wie es sich für dich gut anfühlt.

Frage dich währenddessen: »Wie fühle ich mich in diesem Moment? Bin ich entspannt? Bin ich zufrieden? Was fühle ich? Glück, Frieden, Lebensfreude?«

Wiederhole die Übung so oft am Tag wie du willst! Komme zur Ruhe. Bewerte nicht, genieße die Entspannung. Es ist, wie es ist.

Gönne dir täglich 5 Minuten. Nur für dich.

Tue nichts, aber wirklich gar nichts, mindestens sieben Tage lang!

Übung: 5x täglich je 1 Minute.

Einfach nur hinhören, fühlen, sehen, aus dem Fenster schauen und Geräusche nur wahrnehmen und nicht bewerten! Dieser kurze Ausflug aus der täglichen Hektik und Routine macht dich deutlich freier!

Entspannung zu jeder Zeit

Setze dich oder lege dich auf den Rücken. Lege eine Hand flach auf den Bauch, oberhalb des Nabels, die andere Hand kannst du bequem neben den Körper legen.

Spüre beim Ein- und Ausatmen das Auf und Ab deiner Bauchdecke. Beim Einatmen die Luft anhalten und langsam bis drei zählen. Lasse die Luft so ca. eine Minute in deinem Körper tief ein- und ausströmen.

Gedankenstille/ Gedanken anhalten

Setze dich bequem auf einen Stuhl, atme 3x tief ein und 3x aus. Schließe dabei deine Augen und entspanne.

»Mein Kopf ist jetzt vollkommen frei von Gedanken. Alle Vorstellungen, die nicht nützlich sind, machen sich auf den Weg und fliegen davon. Ich lasse sie frei. In mir ist vollkommene Ruhe und tiefe Stille.«

Danke

»Leben in Freiheit bedeutet, sich seine Herzenswünsche zu erfüllen.« (Konrad Klar)

Zuerst möchte ich mich bei meinem Leben selbst bedanken, denn ich bin unendlich dankbar, dass ich in dieser Zeit geboren wurde und ein freies Leben führen und gestalten darf. Diese Tatsache bedeutet für mich ein besonderes großes Geschenk.

Ein großer Dank geht an dich, liebe Leserin und lieber Leser. Ich freue mich sehr, dass du dich für mein Buch entschieden hast.

Danke möchte ich allen Menschen sagen, die mir bisher im Leben begegnet sind und von denen ich immer lernen durfte. Ich habe zahlreiche Lehrer, Trainer und Mentoren kennengelernt, von denen ich inspirierende Ideen, Strategien und Visionen mit auf meine Lebensreise nehmen konnte. Diese Erfahrungen waren für mich immer Highlights und ich profitiere auch heute noch enorm davon.

Danke möchte ich aber auch aufrichtig an alle meine Kritiker sagen, denn ihr habt mir durch eure Hinweise wichtige Impulse gegeben und damit bei mir zusätzlichen Ansporn und Motivation ausgelöst.

Danke an Raphaela. Sie hat mir in den letzten Monaten alle meine handschriftlichen Notizen mit viel Ausdauer und Verständnis in die jetzige Form umgesetzt.

Ein besonderes Dankeschön geht auch an meine Geschwister und vor allem an meine Mutter. Sie hat Großes geleistet und ich habe vieles von ihr für mein Leben geschenkt bekommen. Ich widme auch ihr dieses Buch.

Der ganz große Dank geht an meine eigene Familie und insbesondere an meine Frau Mary. Sie begleitet mich schon viele Jahrzehnte und hat mit mir viele auch existenzbedrohliche Hürden genommen. Sie war immer für mich da und ich weiß, dass ich vieles ohne sie nicht geschafft hätte. Zu Beginn unseres gemeinsamen Lebensweges wurden uns keine großen Chancen eingeräumt, weil wir noch keine beruflichen und finanziellen Grundlagen hatten, aber genau das war der entscheidende Antrieb. Wir haben zwei wunderbare Söhne, Andreas und Sebastian. Sie sind nicht nur meine Söhne, sondern zuverlässige und wirkliche Freunde. Auch beruflich sind wir eng verbunden und nehmen die gemeinsamen Herausforderungen an. Sie geben mir unendlich viel Kraft und ich bin total stolz auf sie und kann von beiden immer wieder viel lernen! Eure Familien und inzwischen drei süße Enkeltöchter sind eine große Bereicherung und machen mich glücklich. Ich habe euch so viel zu verdanken! Danke, dass ihr da seid! Ich liebe euch und widme euch dieses Buch.

In tiefer Dankbarkeit
Konrad Klar

Der Autor

»Die größte Entscheidung deines Lebens liegt darin, dass du dein Leben ändern kannst, indem du deine Geisteshaltung änderst.«
(Albert Einstein)

Konrad Klar, Jahrgang 1958, wurde schon früh in seiner Jugendzeit durch einen schweren Schicksalsschlag aus der Bahn geworfen. Er ist in ländlicher Idylle mit seinen Eltern und fünf Geschwistern aufgewachsen. Heute ist er verheiratet und hat zwei Söhne.

Mit mentaler Stärke, Begeisterung, Leidenschaft und eisernem Willen gründete er bereits mit 23 Jahren während seines Studiums das erste Unternehmen. In den späteren Jahren baute er mehrere Unternehmen trotz etlicher Tiefschläge auf.

Er ist absolut davon überzeugt, dass das Leben uns nur die Aufgaben gibt, die wir auch bewältigen können. Krisen bedeuten für ihn die Chance, um daran zu wachsen und sich weiterzuentwickeln.

Mit 35 Jahren leidenschaftlicher Berufserfahrung kann er ganzheitliche Empfehlungen und Strategien präsentieren, die durch zahlreiche Qualifikationen und Bestleistungen begründet sind.

Als Coach verfügt er über internationale Referenzen. Er entwickelte ein erfolgreiches Beratungssystem, war Herausgeber eines Wirtschaftstelegramms und schreibt heute als Autor Fachartikel zur Persönlichkeitsentwicklung.

Konrad Klar ist ein authentischer Trainer und Coach, von dem du erfährst, wie du mit Lebenskrisen umgehst, Herausforderungen im beruflichen und persönlichen Leben meisterst und die entsprechenden Weichen stellst. Er ist Finanzökonom, Business- und Mentalcoach, mehrfacher Unternehmer, Unternehmensberater und gehört zu den ersten Certified Financial Plannern in Deutschland. Als Mitglied in namhaften Beratungsgremien ist seine Kompetenz sehr gefragt.

Neben seinem derzeitigen Engagement als Vorstandvorsitzender der Alumni-Vereinigung finanzebs e.V. setzt er sich sehr stark für Wohltätigkeitszwecke ein.

Im Jahre 2015 hat Konrad Klar sich einen persönlichen Traum erfüllt und die Benefizinitiative »Herzen berühren e.V.« gegründet. Er hilft damit Menschen, insbesondere Kindern in Not. Für diese Idee hat er schon viele Menschen begeistert und zahlreiche Begleiter unterstützen ihn bei diesem gemeinsamen Ziel!

Kontaktdaten und weitere Informationen:

Konrad Klar
info@konrad-klar.de

Eine Bitte habe ich am Ende meines Buches an dich.

Sicher gibt es Fragen, die während des Lesens aufgetreten sind. Schreibe mir bitte deine Fragen, deine mögliche Kritik und Vielleicht auch lobende, motivierende Worte. Gerne werde ich diese Ideen aufgreifen, möglicherweise sind sie Inspiration für ein neues Buch oder einen Fachartikel! Danke für deine Offenheit und Unterstützung!

Das Leben ist eine Chance, nutze sie.

Das Leben ist Schönheit, bewundere sie.

Das Leben ist ein Traum, mach daraus Wirklichkeit.

Das Leben ist eine Pflicht, erfülle sie.

Das Leben ist ein Spiel, spiele es.

Das Leben ist kostbar, geh sorgfältig damit um.

Das Leben ist Reichtum, bewahre ihn.

Das Leben ist Liebe, erfreue dich an ihr.

Das Leben ist eine Hymne, singe sie.

Das Leben ist eine Herausforderung, stelle dich ihr.

Das Leben ist ein Abenteuer, wage es.

Das Leben ist Glück, verdiene es.

Das Leben ist das Leben, verteidige es.

(Mutter Teresa)

"Gemeinsam GLÜCKSMOMENTE schenken"

Schon seit Jahrzehnten setzt sich der Autor Konrad Klar
mit Freunden und vielen anderen Menschen für
Hilfsprojekte vor Ort und in der Welt ein. Für die Helfenden
ist es Verpflichtung und Freude zugleich, Kindern, Jugendlichen
und Familien in scheinbar aussichtslosen Lebenssituationen zu helfen.

Entscheidend ist für uns, dass die Unterstützung dort ankommt, wo sie
dringend benötigt wird! Wenn wir mit den Menschen mitfühlen, denen
es weit weniger gut geht als uns, leisten wir alle einen liebevollen Beitrag,
damit die Welt jeden Tag ein klein bisschen besser wird.

Ein großer Teil des Erlöses von diesem Buch wird zu Gunsten von Herzen berühren
gespendet und bringt so wieder sorgenvolle und traurige Gesichter zum Strahlen!
Lassen Sie uns gemeinsam Glücksmomente schenken!

berühren
..denn Ihr Herz zählt!

E-Mail: info@herzenberuehren.de
www.herzenberuehren.de
www.facebook.com/herzenberuehren